銀幕の村

西出 真一郎
SHINICHIRO NISHIDE

フランス映画の山里巡り

作品社

銀幕の村

フランス映画の山里巡り

目次

フランス国鉄略図
（SNCF）

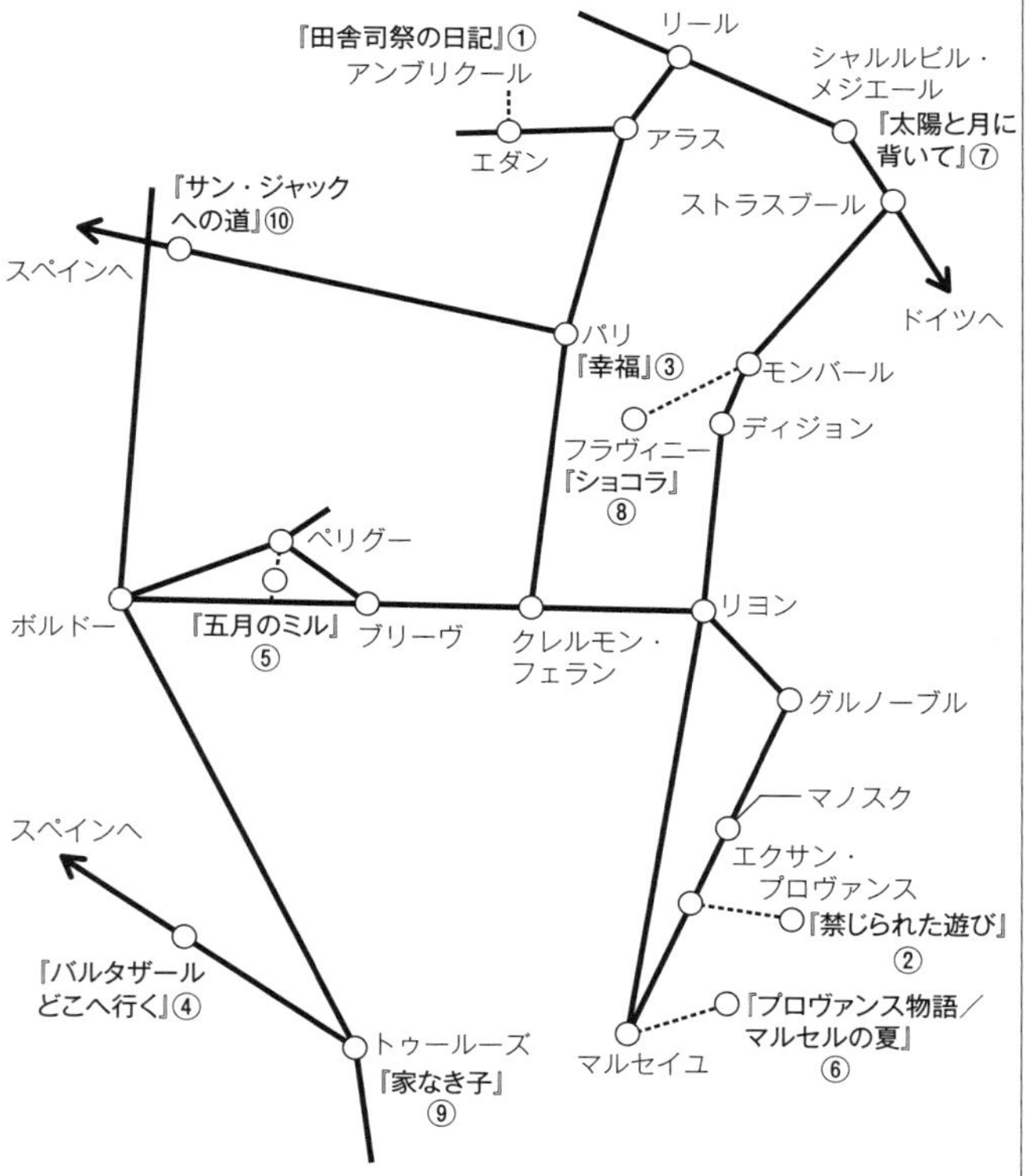

○で囲んだ数字は本文の各章の数字を示す。
破線はバス路線、または徒歩での移動を示す。

銀幕の村

フランス映画の山里巡り

カヴァー写真
『田舎司祭の日記』より

本文写真
著　者

序章
はじめての映画

はじめて映画を観せてくれたのは、父だった。大正生まれの父は映画とは言わなかった。「活動」に連れていってやろう、だった。活動写真の略である。自転車の前と後ろに、弟と私を乗せて、松阪まで四キロほどの砂利道を漕いで行った。それがチャールズ・チャップリンの『黄金狂時代』であった。生まれてはじめて観せてもらったのがチャップリンだったことを、いまだに父に感謝している。

おもしろかった。字幕が出るのだが、子どもだからそんなものは読めはしない。字幕など読めなくとも、小学生であっても、チャップリンは本当におもしろかった。名作とはそういう作品のことを言うのであろう。一番おもしろかったのは、チャップリンが雪の降りつもった山小屋に閉じ込められて、ひもじさのあまり履いていた靴をゆでて食べるシーンだった。なるほど牛の肉を覆っていた皮だから、よく煮れば食べられるのだろうと、妙に納得した。そのシーンで珍しかったのは、靴ひもをくるくるとフォークに巻きつけて食べるところだった。家にはフォークなどなかったから、西洋人が食事の時に使う箸のようなものだろうと考えた。父に「あれは何を食べてるの」とささやくと、「名前は知らんが、西洋うどんだろう」と教えてくれた。

崖っぷちに建てられたその山小屋から跳び出すシーンは、私も弟も息を呑んで前のめりになって眺めていた。チャップリンが外に跳んで出た瞬間に、山小屋は雪けむりをあげて谷底へところがり落ちていった。弟はぱちぱちと手を打った。父は唇に指を押し当てて「しいっ」と言った。

そのころ、村の子どもたちが映画を観る機会といえば、小学校の校庭に白い布を張りわたして上映される野外活動写真だった。あれは誰が料金を払っていたのか、日が暮れて一番星がきらめきだすころになると、村人があちこちから集まってきた。子どもたちは昼間、「昼寝しない子は活動に連れていかないぞ」と言われて、十分か十五分ばかり無理して眼をつぶり、眠ったふりをした。映画はたいていが二本立てで、鞍馬天狗や森の石松が出てくるチャンバラと、母と子が別れて暮らすことになる母ものとの抱き合わせだった。子どもたちはチャンバラが終わると白い布の周りを駆けたり、指で幕に狐の影絵を写すいたずらをした。

　そのころ新制中学というものが村にできた。村人は「マッカーサーの中学」と言っていた。たいていは小学校の校舎の一部を間借りして授業をしていた。私の両親は、もう少しきちんとした授業を受けさせたいと考えて、私を津市にある私立中学に入れた。他の仲間と別れて一人だけ別の学校に通うのは好きでなかったが、私を夢中にさせた学校行事があって、その私立中学に入れてもらえたことに感謝した。学校ではその行事のことを校外授業と呼んでいた。中間考査と期末考査の最後の日の午後、市内の洋画専門館に生徒を引率していき、映画を観せてくれるのだった。先生たちは「活動」と言わず「映画」と言っていた。中等部と高等部が合同で一つの映画を観るのだから、選定を担当する先生は頭を悩ませただろうと思うが、大人になってふり返ってみると、十二かそこらの子どもが、十七にもなる若者と背伸びをしてでも観た映画は、ずいぶん役に立った。しかしその当時はどちらかというと、『仔鹿物語』とか『若草物語』とかいった子ども向けに選定された映画に胸おどらされた。そういう作品の中に、時たま高等部向けとして選定されたと思われるものがはさみ込まれていた。

『ジャンヌ・ダーク』という映画の、イングリッド・バーグマンが天を仰いで火刑に処される場面は、子どもには少し刺激が強すぎたが、今でもありありとその光景がまぶたに浮かぶ。「何という美しい女の人なのだろう」と思った。あの私立中学の映画の料金は、どのようにして支払われていたのだろう。納付金の中にあらかじめ組み込んであったのだろうか。

その中学を卒業して、県立高校に進学したが、もう映画は気楽に観られるものではなくなった。いくら学生割引といっても、定期考査終了ごとにおいそれと観にいけるものではなかった。貧しかったせいもあるが、親が汗水流して働いて工面してくれる金と、勉強しているだろうと思われている時間を映画に費してしまうことに、後ろめたさを感じたからである。

こういう感じ方は、親からしつけられて身につけたものではなく、貧しい家庭の子なら誰しもいつの間にか習いおぼえることなのであろう。

私は放課後になると、市内に四、五館ある映画館めぐりをした。張り出されているスチール写真を眺めたり、上映中の看板絵を見上げたりするのである。同じように貧しく、同じようにうじうじとものを考える同級生が他に何人もいて、顔を合わせると、「あのヴァージニア・メイヨはね」だの、「このローレンス・オリヴィエというのは」だのと、本屋で立ち読みしてきた映画雑誌の情報交換をして楽しんだ。日が暮れかけて、別れぎわにはきまって「夏休みに一緒に観に来ようよ」と空約束を交わすのだった。

大学では奨学金が毎月いくらか支給されたが、国からいただくお金を映画や旅行に使ってしまっては申しわけないという気風がまだごく普通に学生の間に残っている時代だった。私は、映画代は家庭教師でもらった月謝でまかなうことにしていた。いくらぐらいの収入があったのか今ではもう思い出せないが、月謝の半分も出さなくても、毎月一回か二回ぐらいは映画館に足を運ぶ余裕はできた。

そのようにして観た作品としては『青い麦』とか、『巴里《パリ》の空の下セーヌは流れる』とか、『汚れなき悪戯《いたずら》』とか、『禁じられた遊び』とか、『わが青春のマリアンヌ』などといった映画が思い浮かぶ。それを観に行った日、映画館で隣の席に誰が坐っていたかも。

大学を卒業して、好きなだけ映画を観られる境遇になると、かえって本数は減った。映画への情熱が冷めたわけではない。日々の仕事に追いたてられて、二時間も三時間も暗闇の中で胸おどらせて過ごすというぜいたくが許されなくなってしまったのだ。そんな中で、時間をやりくりしながら観たものとしては『太陽はひとりぼっち』、『幸福《しあわせ》』、『ベニスに死す』などが忘れ難《がた》い。その後VHSとか、DVDなどという簡便なものができ、印象に残った映画はそういうものを買って来て、暇ができると何度も観なおしたりできるようになった。しかし画面の大きさだけのことではなく、映画館で観るのとはやはり違う。

『旅情』も『ベニスに死す』も、ファーストシーンは同じようにサンタルチア駅に列車が到着するところから始まるが、二つの映画に同じものが映っていないかと目を皿のようにして見つめるという楽しみ方も覚えた。『旅情』の中で、キャサリン・ヘップバーンがバックしながら小型カメラを操っていて、後ろの運河にざぶんと落ちてしまう場面がある。落ちた本人以外にはこっけいな場面であるが、目撃していたひとりの男が、町の野次馬連中におもしろおかしく再現して見せようとする。映画の観客は「たぶん」と思いながらスクリーンに釘付けになっている。案の定、件《くだん》の男は運河にどぼんということになる。そういう手だろうと予想しながら観ているから、してやったり、映画館に爆笑がおこる。VHSやDVDでは、この場面は笑えない。映画は一人で観るものではない。

昔観た映画をもう一度観たいと思って買いためたDVDが五百本以上になってしまった。一本二時間として、全部観ようとすると一千時間かかる。ベニスの運河の場面のように何度もリバースして観たりしていると、全部観終わるのにどれほどかかることだろう。一日に一本ずつとして、などと大ざっぱなことを考えてみても、とうてい計算通りに事が進むはずもない。病気でうなっている時もあろう。旅に出て幾日も家を空けることもあろう。断わりきれない用で、二日も三日も拘束されることだって考えられる。棚に並べたＤＶＤの美しい背を眺めては、そのうち全部観るぞと思うしかない。私はこのごろよく思うのだが、それも楽しい映画の鑑賞法ではないのか。そのうち観る、観ると心を沸き立たせながら、ちらっときらびやかなＤＶＤの棚に視線を走らせる楽しさは、やはり映画ファンならわかってもらえるはずだ。最近評判の映画を観たか、観たかとファン仲間に問いつめられて「そのうち観に行くぞ」と決意する時の楽しさは、仲間うちなら、とうに判り合っているところである。

高校時代、町の映画館のスチール写真を観て回ったのは、万策尽きてのせめてものなぐさめだったとばかりは言いきれないと思う。「いつか観るぞ」、「夏休みには観に行こうよ」と互いに口に出すことによって、映画への情熱をかき立てていたのではないだろうか。そして思い起こしてみると、あの時、話題にした映画が、今も名作のほまれ高いことはうれしい限りだ。

ところで、父がはじめて観に連れていってくれた映画『黄金狂時代』の原題は〝*The Gold Rush*〟である。このごろのようにこの映画の邦題が原題のかたかな書きだったとしたら、父は息子二人に観せてやろうと思いついたかどうか。十歳やそこらの子どもに「ザ・ゴールド・ラッシュ」と言ったところで、どこまで伝わっただろう。おそらく父は、「黄金」という二文字と「狂」という一文字が合わさった時に、期せずして始まる事の顛末を一瞬に読みとったにちがいない。ベニスの運河にはまり込む顛末を予期した観客のように。

映画というものは観ている時もおもしろいし、観終わった後で思い返してもやはりおもしろい。そして、まだ観ぬ映画であっても、おもしろいとわかってしまうものである。そんなことを教えてくれた父はもう他界してしまった。

他界といえば、これから私が書こうとしている映画の中の俳優や、その監督など制作にたずさわった人々の多くもすでに他界してしまっている。そのことも忘れず、一つ一つの作品に心をこめて書きつづっていこう。

第一章
草深いアンブリクールの里
『田舎司祭の日記』

『田舎司祭の日記』
1950年、フランス
監督：ロベール・ブレッソン
原作：ジョルジュ・ベルナノス
配役：クロード・レイデュ（田舎司祭）
　　　マリ＝モニーク・マイケル・バルペトレ（伯爵夫人）
　　　ニコル・ラドミラル（その娘）
115分、モノクロ作品

映画『田舎司祭の日記』の中で、アンブリクールという小さな村の教会に赴任してくる若い司祭を演じたクロード・レイデュほどに横顔の美しい俳優を見たことがない。美形とか、ハンサムとかいう軽い言葉で表わしきれない美しさである。癌《がん》におかされながらも、自身の強い信仰と、村人の魂を救おうという使命感に、日夜を問わず自らの肉体を酷使し、村を走り回る若い司祭を演じるのに、これほどぴったりの容貌はないのではないかと思わされてしまう。

私は画面の司祭の横顔に見入りながら、ふいに中学時代の級友のことを久しぶりに思い出してはっとした。

私の家は、四人もいる子どもたちを上級学校に上げたり、私立の名門校に入れたりする余裕などこれっぽっちもない貧しい暮らしをしていた。が、私の両親は自分たちの食べる物はどうであれ、子どもは町の私立の中学に入れ、本人にその意欲があれば大学までもやらせたいと考えた。津市の北郊に浄土真宗高田派の本山があって、そこが付属の中学・高校を運営していた。新制中学というのがあって、村の子どもたちは皆そこへ入ったのだが、下級生にたばこを買いに走らせたりするような、戦後の荒れた校内のうわさを聞いていて、両親はどうあっても私立の高田中学に入れようとした。私も勉強はさほどきらいではなかったから、小学六年の担任の先生に励まされながら、受験勉強に打ち込んで、何とかその中学校に合格した。私たちのように一般の家庭から受験して入学してくる生徒の他に、浄土真宗高田派本山の末寺の子弟が、津市内や近郊の町や村から、無試験で入学してきた。無試験とはいえ、寺の息子たちだから決して成績は悪くはなかった。一学年に二十人くらいはいただろうか。私は入学して間もない時期から、その二十人ほどのうちの一人と仲よしになった。

土屋信成といって、私たちは「のぶ君」と呼んでいたが、僧籍に入れば「しんせい」ということにするつもりの命名だったのだろう。中学三年の春休みにのぶ君は得度した。かみそりで青々と剃られた頭で登校してきた時は、クラスのみんなは、「いよっ」などとはやし立ててその青いつむりを一なでした。私もそうしようとしたが、なぜだか手を出せず、

「お坊さんになるんだね」とだけ言った。「うん、高校へ進んで、京都の坊さんの大学へ入ってからのことだけどね」と教えてくれた。

その時から私は土屋君を美しい少年だと思うようになった。その横顔もだが、私など、その日その日がおもしろおかしければ結構というような中学生活を送っていたのに、同じ齢でありながら自身の大学時代からその先までの身の振り方をきちんと考えて暮らしているのかと、すっかり感心してしまった。

その土屋君から、うちに遊びに来ないかと誘われたことがあった。行ってみると、境内の隅に、近所の子どもたちが遊べるようにと、砂場とぶらんこがそなえつけられていた。私たちはかわるがわるそれに乗った。「思いきり揺すり上げると、家並の向こうに津海岸が見えるよ」と言われたが、ぶらんこというものにほとんど乗ったことのなかった私は「こわいから海までは見なくていいよ」と答えた。土屋君には彼一人だけの部屋が割り当てられていた。そこで話し込んでいると、お母さんがシュークリームをお盆にのせて入って来た。「何もないけど」と言われたが、シュークリームというものを食べたのは生まれてはじめてだった。

家に帰ってそのおいしかったことを両親に話すと、「お寺さんだから、すてきなおやつが出てくるのだな」と言った。「今度土屋君を家に呼んだら、シュークリームを出してよ」と催促すると「村の菓子屋では置いてないと思うが、お父さんに津か松阪へ行ってもらってふんぱつしようかね」と母は言った。

土屋君の思い出はそのあたりで途切れている。彼は高田高校に上がり、私は町の県立高校に入って、もう顔を合わせることもなくなったからである。もちろん大学も別々である。

その大学を卒業してしばらくしたころに、ふいに両親の口から土屋君のうわさを聞かされた。「土屋君がテレビに映ったそうだぞ」と父が言った。「日比谷公園の六〇年安保反対デモの映像だったわね」と母は応じた。「いや日比谷じゃなく、名古屋の鶴舞《つるま》公園のデモだよ」と父は訂正にかかった。久しぶりに聞く噂が、デモの群集の中のひとりとしてなのかと思った。「大きくこぶしを振り上げて『安保反対』とか叫んでいたわ」と母が言うと、「土屋君の姿にまちがいはなかったとして、テレビから彼自身の声がきこえてくるわけもなかろう」と父は話題を転じようとした。「土屋君の顔は目につくつくりですものね」と母は言ったが、父も私もその話をつづけようとはしなかった。

そんなことがあってから二、三年過ぎたころ、土屋君が僧籍を離脱して家を出てしまったという話を聞かされた。寺は、親戚の若い人が入って継ぐことになったという。

私は『田舎司祭の日記』のクロード・レイデュの横顔を見ながら、久々に土屋君の横顔を思い出していた。中学時代の得度してきた日の青いつむり姿である。もう彼に再会する日は来ないと思うが、この映画を観るたびに、ありありと十代なかばだった美しい横顔を思い出すのだろうなと思っている。

映画のクロード・レイデュは、病の身にむち打ちながら村人の魂の救済のために奔走するのだが、かたくなな村人の中になかなかとけ込んではいけない。村に唯一城を構えている伯爵夫人の魂も救済することなく天国に送らねばならなかった。伯爵も、その娘も司祭をこころよく思わなくなってしまった。いよいよ孤立無援になってしまった司祭に、病はますます篤《あつ》くなっていく。ついに意を決して、彼は自分の教会から数十キロメートルはあるリールの街の医師に診てもらおうとする。アンブリクールからリールへ行くにはHesdinの駅か、サン・ポルの駅へ出て、そこから東に向かいアラスという駅でパリから来る列車に乗り換えて北上しなければならない。三つの駅のうちのどれに向かったのだろうと、駅が映し出されたシーンに目をこらしたが、ロベール・ブレッソン監督はそんな些細な描写は一切省略してしまう。田舎司祭の苦悩に充ちた美しい姿をクローズアップするためには、邪魔だと考えたのであろうか。

リールの街に着いて、紹介された医師の許《もと》を訪ねる場面も切り捨てられる。昔、神学校で同級だった優等生で、今は教会を離れて手広く商売をしている友人のところに身を寄せるが、やがて彼は大量に吐血して息を引きとる。私はここでまた、その友人の姿に安保反対デモの土屋君の姿を重ねてしまっていた。

ブレッソン監督は、若い司祭の横顔をクローズアップすることに多くの時間を費やす。二伯爵の娘役のニコル・ラドミラルと対峙する場面での美しさには、はっとさせられる。二人の横顔の影が、画面の奥に映っている。実際の二人はかなり離れて立っているのに、壁の影は司祭がうつ向きかげんに娘の額におおいかぶさっているように見える。内面を描写するとはこういうことかと思った。駅の描写やリールの街の描写を切り捨ててしまった意図が、判るような気がする。

原作の小説もそうだが、映画の描写でも田舎司祭として派遣されたアンブリクールの印象は、実際のその村とはずいぶん異なっている。小説を読んだり、映画で観た限りではアンブリクールは荒涼とした北フランスの寒村としか思えない。小説が書かれたのは、一九三〇年代半ばのこと。映画が完成したのはそれから十五年ほど経ってからのこと。私がの

司祭とニコルは実際は離れているのに、背景に映る二人の影は……。

このことアンブリクールまで出かけて行ったのは二十一世紀に入って十四年目のこと。日本とフランスを比べてみたところであまり意味のあることではないが、第二次世界大戦の前と後とでは、どこの国でも目を見張るばかりの発展を遂げている。昔のアンブリクールがどんなものであったかを私は知る由《よし》もないが、泥んこの雪溶け道を自転車を押して歩いていく司祭の姿を、今のアンブリクールの中に求めるのはまるきり無理な話である。

アンブリクール。ノール・パ・ド・カレー地方、パ・ド・カレー県。人口百三十一人。面積三百三十九ヘクタール。最寄りの鉄道駅はHesdinである。そこから十数キロのあたりだろうか。ともかくも私はそのHesdinという駅まで行ってみることにした。パリの北駅からリールやアミアン方面へ向かう列車に乗る。途中、アラスというこの辺では少し大きな町で乗り換えて、西に向かう支線に入る。一時間ほど、美しい農村風景の中をTERという普通列車で走るとHesdinに着く。着くと言っても、終着駅ではない。私の他に二、三人の客をひっそりとしたホームに降ろすと、TERはすぐに出て行った。駅からまっすぐに道路が一本延びているのだが、両脇は商店街とも住宅街とも言い難《がた》いひっそりした家並である。さて、これからアンブリクールまで歩いていくにはちょっと時間が足りない。向こうにホテルなり民宿なりでもあれば安心して歩き始めるのだが、わずか百やそこらの人口の村里にそんなものがあるとも思えない。歩いていくなら、朝早くから出かけて行って、夕方にはこの駅前まで戻ってくるようにしないとあぶない。そもそも、この駅の近くにホテルがあるかどうかさえおぼつかない。うろうろしていると、「何かお助けできることはありませんか」と暇そうな老人が声をかけてきた。「ああ、ホテルならこの道をまっすぐ行ってT字路になった突き当たりの建物がそうだよ。大きなホテルではないが、いつも空室はあるみたいだ」とにこにこしながら教えてくれた。どこの村へ行ってもこんな老人ばかりだとありがたいが、現実はそう都合よくできていない。

教えてもらったとおりに歩いていくと、道の突き当たりに、さしてがっしりした造りではない二階建ての建物が、ホテルの看板をかかげていた。部屋を一つ欲しいのだがと例によっておそるおそる声をかけると、「うちはレストランも兼業しているから、夕食と朝食付きで泊めてあげる」とのこと。願ってもない話である。色の白い、すこしおなかの出た肥り肉《じし》のおかみさんは、カウンターの向こうから応対した。

「今夜は一晩ここへ泊めてもらって、明日はアンブリクールまで行きたい」と言うと、「車でですかね」と言う。はなから歩くことを想定していない。「いや、バスか徒歩です」と答えると、「バスなんぞ走っているような村ではありません。それに、歩くったって往復で一日がかりですよ。道を知っていての話です。あなたみたいな外国人が地図を見たり、行きちがう人に尋ねたりしながらだと、あす中にここまで戻って来られるかどうか判りませんよ」と、方法は一つしかないという勢いで追いつめてくる。「しかたない。タクシーを頼みましょう」と答えると、「それそれ、タクシーだわね。明日の朝、電話で呼んであげます」と言ってくれた。親切なのではなく、その他に手段がないといった口調である。

夕食は、サラダと羊のステーキとりんごのタルトということで、フランスの田舎《いなか》のレストランでよく出てくる料理である。格別おいしいというわけでもないが、羊のステーキに添えられたフライドポテトの量は、これだけで日本人なら一食とするだろうと思うほど、たっぷりしている。これもフランスの田舎風なのである。きれいに平らげて、満腹になったところで、部屋に上がって寝仕度をしていると、ドアをノックする音。何事ならんと開けてみると、件《くだん》のおかみさんが毛布をかかえて立っていて、「夜中に寒くなるといけないからこれをお持ちしました」と言う。今年の夏は妙に寒いのだとのこと。そう言えばパリでも、真夏だというのに私はずっと長袖のパーカーですごした。行き交う人々も、日本なら冬装束といった感じの者さえいた。この分だと、アンブリクールは荒涼とした寒村ということになるかもしれない、とありがたく毛布をひっかぶって眠りについた。

夜が明けると、めずらしくからりと晴れわたった青空がひろがっていた。道さえ判っていれば一日中歩き廻るのに恰好の日よりだと思った。クロワッサンとコーヒーの朝食を済ませてフロントに出向くと、おかみさんが一人でいて、「よく眠れましたか」とホテルの常套句であいさつした。「タクシーを呼んでもらいたい」と言うと、わかってるわよとばかり、携帯電話を取り出した。一軒目は、今日は休みだとのこと。二軒目は今、客を乗せて何とかの町へ出ていったところだとのこと。三軒目は午後なら行きますと言ったらしい。

ちょっと振り返って、どうしますと、目で合図してきた。「困ったなあ。やっぱり歩くか」と返事すると、「あら、いいことを思いついたわ」と電話をエプロンのポケットにしまい込んだ。本当にいいことを思いついてくれた仕種である。

厨房に向かって、大声でジョルジュだか、トマだかと呼びかけた。おかみさんがフロントを仕切っていて、だんなは厨房でシェフをつとめているらしい。これはフランスの田舎のホテルではしばしば見かける役割分担である。白いコートをはおった主人が奥から出てきた。昨夜は見かけなかったが、おかみさんとは反対に、ほっそりとしたやさ男である。おかみさんと同い齢か、それより下のように見える。おとなしそうな物腰だ。「あなたね、このお客さんをアンブリクールまで連れて行ってくれない。向こうで少し待っていて、帰りもこの人を乗せてもどって来てほしいの」と言った。主人は「喜んで行ってやる」とも、しぶしぶだとも言わず、白いコートを脱ぐと、「表で待っていてくれ。車を回してくるから」とだけ言ってまた厨房へもどった。

おかみさんが言った。「アンブリクールまで往復だと、向こうでの待ち時間も含めて、タクシーだと百六十ユーロくらいは取られると思います。あいにくタクシーが呼べないので、うちの主人が自家用車でお連れしますよ。タクシーの免状はいただいておりませんので、半額の八十ユーロでけっこうです。いえ前払いでなく、御出立の際の清算と一緒でけっこうです」。なるほどなと思った。はじめから、タクシーなど呼んでくれる気はなかったのかもしれない。朝の仕事が一段落ついて暇そうにしている主人を遊ばせておく手はないわけである。気の弱そうな主人をこき使っているということかもしれない。

Hesdinは小さな田舎町で、車が走り出したかと思うとすぐに家並はとぎれて麦畑や牧場の中の一本道をまっすぐ進んだ。両側にはポプラやプラタナスの並木がつづいてはいるが、朝のうちはよいとして、日が高く昇ってくるころによたよた歩きつづけるのは大変だろうと思った。主人は車を運転しながら、アンブリクールに着くまでに二言しか口をきかなかった。

「日本人ですか。アンブリクールに何の用ですか」と一言。ややあって、「お客さんは私どもの村のことを『エスダン』と言っていなすったが、Hは発音しないのはもちろん、Sも発音しないので、Hesdinはエダンなのです」が二言目。あとはずっと、前方を見つめつづけてハンドルを操作していた。

アンブリクールは寒村ではなかった。荒涼ともしていなかった。なだらかな牧場と麦畑が広がっていて、ところどころにぽつんと農家らしき家が建っている。百人余りの人々が

アンブリクールの草深い山里。木立ちにかくれるように農家が点在していた。

住む家々である。教会の前の広場に車を停めてもらった。「他に用もあるので、一時間くらいで切り上げてほしい」と彼は言った。教会は小さかったが、赤っぽいれんが造りで手入れが行きとどいた、さっぱりした建物だった。教会のすぐ前が墓地になっていて、供花があたりをあざやかに色どっていた。一基だけ、大きな花束をいくつも連ねて飾った墓があった。日本式に言えば、新仏《しんぼとけ》というものであろう。教会の大きな木の扉を押してみたが、びくともしなかった。教会を一回りして、裏庭へ出てみた。小さな花壇があった。手入れが行きとどいていて、気持ちがよい。教会に向かって左手に、これも赤っぽいれんが造りの二階家があった。いくつかある窓は、どれもみどり色のよろい戸がおろされていた。司祭館なのだろうが、若い田舎司祭は留守のようだ。留守でなかったとしても、のこのこ入って行って、「ブレッソン監督の映画に感動しまして、日本からやって参りました」などと伝えるだけの達者なフランス語が出てきたかどうかはわからない。

ひっそりとして、人がいるのかいないのかわからないような集落の中を、しばらく歩いた。教会の墓地を飾っていた美しい花々と同じような花が、どの家にも植えられていた。花屋さんで買ってくるのではなくて、庭の花を切って墓地へ持っていくのだろうと思った。生前、故人も親しんだ、もしかしたら本人が水やりなどの世話をしていたものかもしれない。

停めてある車まで戻ると、主人は「もういいのか」と言った。「いい村だった。教会は美しかったが司祭さんは留守のようだった」と言うと、「司祭さんに用があったのか」と言ったが、それ以上は口をはさまず、また沈黙をつづけた。

ホテルにもどって、「今日中にパリに戻りたいので勘定をしてほしい」と言うと、主人はキーボックスにさし込んであった紙片を抜き取った。おかみさんが書いていったものらしい。内訳のところに一箇所、気になる記載があった。「犬、五十ユーロ」というのである。何だい、これはと思って「見てのとおり私は昨日からずっと犬など連れていないが」と言うと、「ああ、それね。タクシー代ですよ」と答えた。謎は解けたと思った。タクシーの営業許可もない者がタクシー業務を行なってその料金を取るというのは、フランスでもまずいのだろう。しかし、宿泊客の送迎は無料としても、べつの用件で客をどこかへ案内して代金を請求したくなるのは判らぬでもない。八十ユーロで引き受けてくれたところを五十ユーロというのだから、いわゆるぼったくりではない。私は、チップも含めて六十ユーロ支払うことにした。それにしても自分の亭主を「犬」だとはよく言うよと感心した。主人もいつものことらしく、自分を人間と見做《みな》さない妻を咎《とが》めだてする気配はなかった。日本にもこういう夫婦はいるのだろうか。

パリの北駅に戻って来て、私はまたもや、中学生の土屋君とアンブリクールの司祭を演じたクロード・レイデュの美しい横顔を思い出す場面に出くわしてしまった。北へ向かうTGVのプラットホームにいた、旅立とうとしている一人の少年と、それを見送りに来たらしい三人の家族のグループである。まだ若い父親と母親。それに、少年の妹とおぼしい一人の少女だ。父親はしっかりと少年の肩をかかえて抱きしめた。少年はその肩をふるわせていた。抱えられていた腕を離れると、少年は父親の広い背中にかくれるようにしながら、そっと両の眼をおさえた。左の掌《てのひら》をいっぱいに拡げて、親指と中指で、両の眼尻をぎゅっとおさえている。ジャン・ギャバンの演技でこういうのを見たことがあると思った。フランス人は、中学生くらいの年齢でもうあんな泣き方をするんだなと感動した。泣いているからではなく、その横顔の端正さに胸打たれたのである。

どこへ行くのだろう。リールあたりへ働きに出るのか。九月から始まる新しい学校へ出向くのか。神学校へ入学するのかもしれないと思うのは、うがちすぎだったろうか。

◎アンブリクールへの行き方

パリの北駅からリール方面行きの列車で二時間少々行った乗り換え駅アラスで、カレー・ヴィル方面行きの支線に入り一時間ばかりでエダンに至る。この駅からアンブリクールまでは十六キロばかり。徒歩またはタクシー。エダン駅の近くにホテルが少々ある。

第二章
デュランス川・ヴェルドン川
『禁じられた遊び』

『禁じられた遊び』
1952年、フランス
監督：ルネ・クレマン
原作：フランソワ・ボワイエ
配役：ブリジット・フォッセー（ポーレット）
　　　ジョルジュ・プージュリー（ミシェル）
　　　ルシアン・ユベール（ミシェルの父）
87分、モノクロ作品

「あれは熱かろうのう」と老人は言った。私たちはいっせいに笑った。

「熱いにきまってらあ」

「いい気味だ」と、子どもらしくこぶしを突き上げたりしながら声をあげた。

私たちの村からちょうど真西の方向に標高五、六百メートルほどの山々がつらなっている。布引《ぬのびき》山系と学校で教わっていた。その布引山系の上空を、北から南へ火を噴きながら一機の飛行機が飛んでいた。名古屋か四日市あたりの爆撃を済ませて、紀伊半島はるか沖合のアメリカ軍基地へ戻ろうとしていたのであろう。そのときに、地上から撃ち上げる高射砲にやられたのだと思う。B29に向かって、ぽかんぽかんと高射砲を発射するのは今まで何度も見てきたが、命中して敵機が火を噴くのに出くわしたのははじめてだから、子どもたちはいっせいに、何度も万歳を唱えて喜んだ。そんな歓喜の中での、老人の言葉である。

「もうじき墜ちるぞ」

「山にぶつかって爆発するんだぜ」と、興奮はおさまらなかった。

「あの飛行士にも、父さんや母さんがいるんだよ。あれを知ったら、どんなに悲しがることか。それに、あの熱い飛行機の中で、どんなに父さん母さんに会いたがっていることか」と老人はつぶやいた。

そこまで聞くと、いっせいに非難の声があがった。

「スパイだぞ、そのじいさん」

「そうだ、そうだ」

「アカかもしれん」

などとわめいていているうちに、飛行機は一筋の白煙をひきながら山なみの向こうに消えていった。私たちは、スパイやアカというものがどんなものかも知らないままに、大人たちの言葉の端々を聞きかじっていて、はやし立てた。

「駐在さんに言いつけてやれ」

「久居《ひさい》の連隊にひっぱっていけ」などとののしりながら、その場を離れた。家に帰って、

その話を祖母に聞かせると、

「源さんの気持はよくわかるよ。スパイだの、アカだのとわけも知らないくせに言うものじゃない」と祖母はたしなめた。ずっと大きくなってから聞かされたことだが、源さんには三人の元気な息子がいたが、三人とも次々と、特攻隊に志願して戦死してしまったということだった。戦争中は、子どもには聞かせなかったのである。


「赤ちゃんはいつ生まれてくるの」

「そのうちあったかくなって花が咲く陽気になったらね」と、母はつくろい物の手を休めずに答えてくれた。私は弟に話して、野原や田んぼに花が咲いていないか、見に行こうと誘った。外は北風が吹いて寒かった。花が咲いているのを見つけたら、赤ちゃんがくるのだからと、寒がる弟をせきたてた。

堤の裾の南向きの陽だまりに、白いなずなの花や水色のいぬふぐりの花が咲いていた。これだけ見つければ、赤ちゃんはきっと生まれてくるぞと説き伏せて、弟と二人して両《りょう》掌《てのひら》に余るほどの花を摘みためて帰った。大得意で母に見せると、

「花は花でも、なずなやいぬふぐりではないのさ。さくらだよ。さくら」となだめてくれ

た。私たちがあまりに落胆したので。

四月になると、赤ちゃんが生まれた。まんまるい、よく肥えた女の子だった。その妹が、後に母から聞いたのだと言って語ってくれた話である。

「私、あやうくこの世に生まれてくることができなかったかもしれないの。こうしていられるのも母さんのおかげよ」と言う。

新聞が何と書きたてようと、学校の先生がどんなに口をそろえようと、村人たちの間では「この戦さは敗《ま》けだ」とささやかれていた。子ども心にも、アメリカに敗けたら、日本人はどんな目にあわされるかと、ふるえあがってそれを聞いていた。サイパン島や硫黄島から爆撃機が連日飛来して、津、四日市、名古屋などに爆弾や焼夷弾を落としていった。北の空がまっ赤に焼けただれていくのを眺めて、あの弾のうちの一発が自分たちの村の上に落ちてくる日も、もうそんなに遠くはないのかもしれないと思った。

Ｂ29は村まではねらわないと言われていたが、こわいのは艦載機の襲来だった。潮岬《しおのみさき》や志摩半島沖に碇泊させた航空母艦から、グラマンと呼んでいた小型戦闘機が飛来して、低空飛行しては、地上の家や人や動物を一斉掃射するのである。今でも耳について離れないが、真空管の切れかかった聞きとりにくいラジオから、

「中部軍管区情報！　敵数機が志摩半島上空を北上中。三重県に空襲警報発令！」と報じられると、学校にいる時は教室の机の下に、家にいる時は庭先に掘られた防空壕に這い込んだ。防空頭巾というものを常に携帯することが命じられていたから、どんなに暑い日でもそれを被って、しっかり眼と耳をおさえながら、じっとグラマンの爆音が遠ざかるのを待った。

まださくらの花が咲く前で、妹は母の胎内にいた。母は、隣村へ用に行くところだった。「うおーん」とうなるように、グラマンの接近する音が迫ってきた。このまま歩きつづけては危い。だが身重であってみればどこかの物陰にすばやく駆け込むこともままならない。とっさの判断でも何でもない、母はやにわに路傍の溝《みぞ》へうつぶせに跳び込んだ。「白鷺に追いつめられた泥鰌《どじょう》のように、どろ水の中に顔からつっこんだの」と母は妹に語って聞かせたという。ばらばらと砲弾が溝の縁《ふち》に沿うて白煙を上げた。「おなかの子と一緒にもう死ぬんだわ」と眼をつぶったそうである。「あたし、母さんが足をすくませてしまって突っ立ってないで、溝に伏せてくれたおかげで、この世に生まれてきたのよ」と妹は言った。もちろん、その時の妹に砲弾の音や白煙にまじって飛び散る炎がわかるはずはない。こわかったのは母だけである。

一九四〇年六月、パリはドイツ軍の手に陥ちた。市民は難をのがれて、比較的おだやかな南フランスめざして大群衆をなして逃げた。『禁じられた遊び』は、その逃げまどう市民の列を記録映画のように描き出す場面から始まる。あの有名なギター音楽は、まだ聞こえてこない。人々の叫びと、遠くから次第に迫ってくるドイツ軍の戦闘機の無気味なうなりだけである。ルネ・クレマン監督が、自身の『鉄路の闘い』（一九四五年）や、『海の牙』（一九四六年）などを踏襲したような描写である。

逃げまどう群集の列の中に、本作の主人公のポーレットという少女と、その両親がいた。否、もう一人というべきか、ジョグという名の小犬もいた。一家はドイツ軍のシュトゥーカという爆撃機の最初の射撃からは運よく身をかわしたが、おびえてしまったジョグがポーレットの腕から跳び出して、橋の上を川向こうへかけ出して行く。それを追いかけるポーレット。危いからと引きとめようとして、それを追う彼女の両親。そこへシュトゥーカが、まるで爆竹を鳴らすように掃射する。父親と母親は、娘をかかえこんで橋の途中に身を伏せる。娘はジョグを胸に抱きしめるが、犬は四本の脚をぴくぴくさせるばかり。傍らの母は眠っているのか、ぴくりともしない。娘はその頬をおずおずとなでながら、人生で

パリ市民は戦火をのがれて南への道を急いだ。この丘の向こうに、デュランス川やヴェルドン川が流れている。

はじめて目の当たりにする死というものがのみ込めない。オーディションに応募してきた多勢の少女たちの中からたった一人選ばれた六歳のブリジッド・フォッセーの演技に、思わずひきこまれる。この映画で、最初に涙腺が刺激される場面である。だが、私は心の底の深いところで、これよりもこわい場面をアメリカのグラマンに何度も見せつけられたのだという思いが湧き上がってくるのを否めなかった。ルネ・クレマン監督が、記録映画の手法を用いて迫ってくれば迫ってくるだけ、「こんなものじゃない」という思いが強まるのだった。もちろん監督はそう思わせようとして、撮っているのだろうけれど。

ドイツによってフランスの首都パリが陥落させ

られたのは、一九四〇年六月十四日のことである。その翌年の十二月に、日本は太平洋戦争へと突入していった。『禁じられた遊び』はこの時代を背景として、パリから避難して、比較的安全と思われていた南フランスへと向かう市民の群集を描き出す。彼らは、大きな川沿いの比較的道路事情のよい国道をブルゴーニュからオーベルニュへ、果てはプロヴァンスへと避難の車列を作ったのである。毎年七月になると現われる南仏へのバカンスの渋滞とはわけがちがう。いのちがけなのである。そして実際に機銃掃射によって何万もの生命が奪われていったのだ。危機のさし迫ったパリをのがれて、パリよりは安全だろうという噂にそそのかされて向かった南仏への長途の旅。

父から聞かされた話であるが、太平洋戦争末期、父の知人で名古屋に暮らしていた、夫と妻と三人の息子のいる一家は、名古屋よりは安全だろうということでその南の四日市へ疎開した。夫は仕事の都合で、一人名古屋にとどまった。その一人だけを残して、妻と三人の兄弟は四日市への爆撃で死んだ。どんな戦《いく》さであろうと、無辜《むこ》の民に安全にのがれられる地などないのである。戦争が始まれば。

マルセイユの北のなだらかな山々がつづく一帯は、あまり背の高い樹はなく、白っぽい石灰岩の裂け目にぶなや赤松がしがみつくようにして生えている。その山すそを、二本の川が南に向かって流れ下っている。デュランス川と、ヴェルドン川である。この二つの川は、マノスクとエクサン・プロヴァンスの中間地点あたりで合流し、大きな川となってローヌ川へと流れ込む。この川の傍を、つかず離れずに道路がつづいている。

原作の小説も、映画も、川のどのあたりということは描いていない。ポーレットの両親が射殺された橋としてクレマン監督が撮影に使ったあたりは、ダムの建設によって湖の底に沈んでしまっている。

私は小説の「大街道から五キロはなれたところにある」というサン・フェクス村へ行ってみようと思った。しかしミシュランの地図にも、百科事典にもサン・フェクス村は出ていなかった。おそらく架空の村なのだろう。ならば、ヴェルドン川沿いの大きな街道を歩きつづけるのはやめて、脇の農道へ外れ、それらしい村を見つけてみようと考えた。五キロといえば、私の足で一時間少々歩いたあたりである。例によって、牧草地と麦畑がなだらかに波打っている田舎道《いなかみち》をぶらぶら歩いた。近くに礼拝堂があって、ずいぶん以前から仲のよくない農家が二軒並んでいる村という小説の記述を目安にして歩を進めたのである。礼拝堂は田舎ではあちこちに姿を現わすし、農家が二軒、向かい合って建っていたり、軒を並べて建っていたりする村もめずらしくはない。けれど、その二軒の主人たちが、以前から仲が悪いかどうかまで、通りすがりの私ごときに判断できるわけがない。

小説や映画のことだから、それとはっきりわかるモデルの村があるわけでもなかろう。ヴェルドン川から五キロほど離れた村里らしいところで村人の姿を見かけたら声をかけてみようと考えて、歩きつづけた。しばらく行くと古びた礼拝堂に出くわした。屋敷林、たぶんぼだい樹か何かに囲まれた二軒の農家が向かいあって建っている。ここをわがサン・フェクス村にしようと決めた。せまい農道がつづいていて、二軒の屋敷林へと消えている。とがめだてをしたり、犬を吠えさせたりする様子もなかったのを幸いに、ずかずかと屋敷林の奥へと進んだ。ふんわりした白っぽいワンピースを着た老婦人が二人、テーブルをはさんで、針仕事をしていた。こんにちはと声をかけるより先に、一人が顔をあげて、見慣れない東洋人のほうにちらりと視線を向けた。

「何しに来たの」

「どこから。へえ日本。こんな田舎にわざわざ日本から何の用かしら」などと二人は交替で質問をあびせかけてきた。自己紹介や来訪の動機などを、へたなフランス語でひねり出さなくてもよいので助かった。

「そう。『禁じられた遊び』をね。ここがモデルかどうか知らないけれど、あの映画の感じは、ここのようすとぴったりだったわね」

「いつご覧になりました」

「三十歳くらいのころかしらね。この人と一緒に観たのよ」

「エクサン・プロヴァンスの映画館でね」

「おしまいのところでね。ほら、女の子が『ミシェル、ミシェル』と呼びながら駅の人ごみの中に消えていくところ。あそこで二人してハンカチを出して泣いたわよ」

とにぎやかに、若いころに観た映画を思い出そうとつとめるでもなく、まるで昨日街で観てきたかのように語ってくれた。よほど感銘を受けたにちがいない。

「御両家は、映画のように仲違いしていらっしゃるわけではないのですか」

「あら、いやだ。たった二軒の村里で仲違いしていては生活が成り立っていくわけがないわよ」

「学校だって、病院だって、買物だって、けんかしていた日には何もできっこないわね」

「私たち二人とも、この近くの村里から嫁入ってきたのよ。その前からも、それからもずっと二軒はあたり前に暮らしてきたわ」

「映画のように、御両家の息子さんと娘さんが仲よしで、乾草小屋の中でデイトをするなどということはないのですか」

「うちが二人の男の子で、この人のところは男の子が一人きりなの。映画のようにおもしろおかしくはいかないわね。三人とも、小さいころから実の兄弟同士のように仲よしだったわ」

「『だった』ですか」

「そう、二人兄弟の上の子が、パリへ働きに出て行って交通事故で死んじゃったの」

二人の老人は、何事かを思い出したかのように、しばらく針仕事の手を休めてうつむいていたが、一人がハンカチを取り出すと、もう一人のほうも同じようにハンカチで目頭をおさえた。ここにも、報われない無辜の民がいた。男というものは、女性に泣かれると弱い。老齢とはいえ、二人とも女性である。通じるかどうかもわからないフランス語を口の中でもごもご唱えて、仲違《なかたが》いなどしてはいない二軒の農家を早々に辞した。お齢寄りたちも、自分たちのこころが十分に伝わっているかどうかあやしい東洋人を無理に引き留めようとするようすはなかった。居心地が悪いわけではなかったが、何度も振り返りながら、ぼだい樹の屋敷林を抜け出した。いつものことながら、こういう時のために、ふだんからもっとフランス語を勉強しておくべきだと反省しながら。最後に振り返ると、二人とももう針仕事にもどっていた。こういう場合、男たちなら、テーブルのワインのグラスをぐいと傾けるのだろうなと思った。

それにしても、村人はどこへ行ってしまったのだろう。牧場には、羊も牛もいない。行く手にまたひっそりした小さな集落が現われたが、人の気配というものがまるでない。五キロほど離れたヴェルドン川のほとりの街道には車が走っているのだろうか。その気配も伝わってこない。長い午後の日差しが、青い草に照りつけている。たまに現われる森にも並木にも、小鳥の声すらしない。戦争でもしていない限り、空低く敵機が降下してくることはないだろうし、街道を避難する人々の叫びも聞こえてくるわけがない。平和とは、村人が音も立てずにひっそりと屋敷林の奥深くで針仕事をしたり、家畜の世話をしたりしていることなのだと思った。

『禁じられた遊び』は、原作の小説も読んでみたし、映画も映画館やＤＶＤで何度も観た。映画はほぼ原作通りに進行するが、ラストシーンだけは大きくちがっている。この映画の最も有名な場面であり、ここでたいていの観客はハンカチで目頭を押さえ、ふいに明るくなった館内できまり悪い思いをする。しかし小説のほうは、涙を見られてあわてて顔を伏せなくてもよい自分の部屋で読むものなのに、泣かせるような設定にはなっていない。

ポーレットとミシェルは、ポーレットの抱えていた犬の墓をつくって粗末な木の十字架を立ててやったのを手始めに、蜂だの蝶だののもぐらだの、身の回りの小動物の墓を次々とつくってやるうち、十字架を立てることにすっかり夢中になってしまう。しまいには、教会の壁の十字架や、葬式用の車の屋根にとりつけられた十字架まで盗むようになってしまう。すなわち「禁じられた遊び」である。遊びとはそういうものだろうが、誰かに見咎《みとが》められるかもしれないというおびえを伴うからおもしろいのである。悪いことかもしれないと思いながら、二人の遊びは深みにはまっていく。特に幼いポーレットには、それが罪だという意識すら芽生えていないから、日ごとに手に入れるのが難しい十字架をミシェルに要求するようになる。そしてついに、教会の屋根のてっぺんに輝いているあの大きな十字架を取ってきてほしいと難題をもちかける。ここが小説のクライマックスである。ミシェルは男の子らしい身軽さではしごをかけ、教会の、自分の家の屋根など比べものにならない勾配の急な大屋根に登って行く。読者がはらはらと予感する通り、ミシェルは足をすべらせてしまう。幼い死という贖《あがな》いをもってこの禁じられた遊びには終止符が打たれる。が

死んだ小動物の墓を作るために二人は十字架を盗むという禁じられた遊びを始める。

んぜない二人の子どもたちに対するには、あんまりだと思うほどの厳しい罰である。

有名な映画のラストシーンでは、誰だかわからない一人の母親が、駅の人ごみの中で見失ったわが子ミシェルの名を呼ぶのである。いち早くそれを聴きつけたポーレットは、「ミシェル、ミシェル」と呼びながら、ごった返す人々の群をかき分けて、画面の奥へと消えていく。そして「おしまい」のマーク。ルネ・クレマンは、名匠である。この時、すでに何本も映画を撮っている手だれである。どう描けば観客が泣くかを知っているのであろう。

もちろん、すなおな映画ファンである私は、そっと目頭を指でぬぐうくちであるが、後味としてはルネ・クレマンにしてやられたなという思いが残る。どうして原作の小説どおりでいけないのだろうと考えてしまう。

しかし、何も知らない子どもが戦争の犠牲となって両親を失くし、心通じあった友だちとも別れ別れになってしまうという悲しみを一直線に描き上げないと、反戦という切実な思いは強く出て来ないのだと、ルネ・クレマンは知っていたのかもしれない。

この映画の成功の大部分は、ポーレット役のブリジット・フォッセーと、ミシェル役のジョルジュ・プージュリーのあどけない容姿と、巧まぬ名演技によることは、誰もが指摘するところである。それに随所で奏でられるナルシソ・イエペスのギターのことも忘れてはなるまい。

ブリジット・フォッセーは一時期学業のため映画界から離れたことがあったが、その後も女優として活躍をつづけている。ジュゼッペ・トルナトーレ監督の『ニュー・シネマ・パラダイス』でも達者な演技を見せてくれた（ディレクターズ・カット版）。映画というのは妙なもので、あの映画を観た時、なぜか初恋の人に出会ったようになつかしかった。ジョルジュ・プージュリーにもなつかしい再会があった。『星の王子さま』というラジオドラマで、あの名優ジェラール・フィリップを向こうに廻して、堂々王子さま役を演じているのをLPレコードで聴いた。彼は成人したのちも主に声優として活躍していたようであるが、二〇〇〇年の十月に亡くなったとのことだ。

◇ヴェルドン川への行き方

マルセイユからグルノーブル地方へ北上する支線で一時間十分ほどでマノスクという駅に着く。ここからタクシーでヴェルドン川とデュランス川の合流点に行く。その先はヴェルドン川をさかのぼることになるが、映画の中で空爆を受けた橋は、今はダム湖の底に沈んでしまっている。

第三章

ヴァンセンヌの森

『幸福《しあわせ》』

『幸福《しあわせ》』

1964年、フランス

監督：アニエス・ヴァルダ

配役：ジャン＝クロード・ドルオー（夫）

　　　クレール・ドルオー（妻）

　　　マリー＝フランス・ボワイエ（エミリ）

　　　80分、カラー作品

ヨーロッパの都市は、その近郊に大きな森林公園をかかえているのが普通である。パリでは、西の郊外のブーローニュの森や、東のヴァンセンヌの森などが思い浮かぶ。これらの森へは都心からでも、地下鉄やバスを利用して手軽に出かけられる。晴れて気持のよい日なら歩いて行くのも楽しいかもしれない。夏の長期休暇や、冬のスキーシーズンは別として、パリ市民が、家族そろって、あるいは恋人同士で半日のんびり過ごすにはもってこいの森、パリの庶民の手ごろな遊び場というところである。

『幸福《しあわせ》』という映画の主人公も典型的な庶民で、ストーリーはヴァンセンヌの森を舞台として展開される。日本人なら「フォントネー」と聞くと、ディジョンの近くの有名なフォントネー修道院と、その周りを取り巻く広大な森林を思い浮かべるのが普通であろうが、フランスには「フォントネー」と名のつく地域が数箇所あって、この映画の主人公一家が住んでいる「フォントネー」は、修道院とは関係のない、そのいくつかのフォントネーの一つである。主人公である一家の夫は、伯父の経営する従業員が三、四名ほどの小さな木工所で働いている。伯父はいつか自分に跡を継がせるつもりらしいと、それを楽しみに腕をみがいている、まだ若い、実直な男である。その妻は、家事と育児のかたわら、近所の人々の仕立物を引き受けて精を出す、働き者のよくできた女である。二人の間には、姉と弟のまだ幼い子どもがいる。夫の仕事が休みの週末には、一家うちそろってヴァンセンヌの森へピクニックに出かけるのを楽しみにしている。

それだけでは八十分の映画にはならない。というわけで、ここにとんでもないことが出《しゅっ》来《たい》してしまうのである。夫は伯父に仕事の件で連絡せねばならなくなり、ヴァンセンヌの郵便局へ出かける。交換手に申し込んで、黒い電話器で呼び出してもらう。なつかしい電話器である。だがこの時彼は、エミリという交換手に一目惚れしてしまう。よくある話さと言っておれるのはここまで。二人はやがて妻をさしおいて深い仲へと落ちこんでしまう。エミリはまだ二十代のはじめで、

「奥さんがあってもいいの。あたし、このままでも幸福にやっていけるわ」と無鉄砲なことを言う。男のほうは、

「君も愛しているが、妻も同じように愛している。ぼくは一どきに二つの愛にめぐまれたのさ」と、虫のいいことを言う。夫婦の暮らすフォントネーの郵便局にエミリが転勤になり、近くに部屋を借りるというところまでになっていたのだが、仕立物に精を出して家にこもりきりの妻は、二人のそんな愛の住みかには気づいていない。

週末の天気のいいある日、夫婦は二人の子どもたちを連れて、いつものようにヴァンセンヌの森へ出かける。ある夏の午後、私はセーヌ川沿いのリヨン駅から歩いてそのヴァンセンヌの森まで行ったことがあるが、とてもパリという大都会の近郊とは思えない、深く静かな森だと思った。街騒《まちざい》が、森の樹々に吸いこまれてしまったように、しいんと静まりかえっている。樹蔭で弁当をひろげている家族。仔犬とたわむれる幼児たち。女の胸に顔を埋めて赤ん坊のように眠っている男。サンドイッチの包みをひろげていると、ベンチの上どころか、膝の上にまでやってくる鳩。「しあわせ」というテーマを絵にすると、こんな景色になるのかなと思った。映画では、この森の描写のバックに、ずっとモーツァルトの室内楽が流される。

夫は弁当のあとしばらくためらっていたが、妻に、

「エミリは、おれがおまえを愛しているのを知っているし、我々から何一つ奪う気持はな

い。二つの愛にめぐまれておれは今幸福なのだ。わかってほしい」と、ぬけぬけ告白する。言うだけ言うと、夫はスポーツの後の少年のように眠りこんでしまう。その夫のしあわせそうな寝顔を見とどけ、二人の子どもを寝かしつけた妻は、大変な決断をしてしまう。私はこのあたりをぐるりと一巡してみたが、これまた大都会の近郊とは思えないような美しい湖が森の中に横たわっていた。東京ならば、中央線で一時間くらいは行かないと見られないような風景だなと思った。

深い眠りから覚めた夫が眺め回してみると、妻の姿がない。見ると、湖の向こうに人だかりがしている。もしやと騒ぐ胸をおさえるようにして、小さいほうの男の子を抱え、齢かさの女の子の手を引きながらかけつけた。カメラは無残な妻の溺死体をとらえる。

それからどれほどの時が経ったのだろう。妻の自殺は夏のことだったが、紅葉の美しい秋となっている。あの夫とエミリは、新しく一家を構えている。同じヴァンセンヌの森で二人の幼い子どもを伴ってピクニックを楽しんでいる。映画は、二人の子どもと、夫と新しい妻の四人が手をつなぎ合って森の奥へと消えてゆく後ろ姿を、ロングショットでとらえる。

映画が発表された当時、ヨーロッパでも日本でも、妻の死は自殺なのか事故死なのかと話題になったようだ。とりわけ、カトリックで自殺を認めていないフランスでは、なかなか自殺だとは思われなかったという。私は、家事や育児の合間を見つけてはこつこつと仕立物に精を出していた妻の姿を思い返して、自殺だと決めこんでいた。つつましい日々の営みの中で、自由な時間はすべて放棄して仕立物に精を出した自分への、これが夫の応えなのかと思ったとき、もう生きていく気力を失ってしまったのだと思った。何のための人生だったのかと思ったとき、彼女は夫や子どもへの後ろ髪をばっさり断ち切ってしまったのだろう。自分があの妻の立場だったならと、アニエス・ヴァルダ監督は考えていたのではなかろうか。

私の母の友人の話である。尋常小学校に入った時からの友人同士というから、長い友情である。二人とも、九十代のなかばに相前後して亡くなった。「きいちゃん」、「とみちゃん」と九十の老人になっても幼な名で呼び合っていた。母はとみ枝といった。陽なたぼっこをする二羽のめん鶏のように、縁先にうずくまって、半日でも一日でも話しこんでいた。

私が通りかかると、

「あたしたち羽抜鶏でなく、歯抜けばばあなのよ」と呼び止めた。二人とも俳句をやって

いて、せっせと地方紙の俳句欄に投稿しては、

「今週は私が勝ちよ」

「あなた二週つづけて勝ちね。ずるいわ」などと、運動会の徒競争ののりで楽しんでいた。俳句に「羽抜鶏」という季語があることをその時教わった。夏の部に入っているらしい。

「きいちゃんはね、喜代っていうの。本当はね」と童謡を歌うような調子で話しはじめたことがある。亡くなる二年くらい前のことだったと記憶している。今思い返してみると、死ぬまでにこのことだけは、日ごろせっせと物を書いている息子に伝えておきたいと思いついたのかもしれない。次のような話。


きいちゃんは五人姉妹の長女だったの。それが何だと思うかもしれないけれど、悪いことに、きいちゃんは先妻の残した一人娘だったのよ。先妻という人は亡くなったのではなく、何かの都合で暇を出されたらしいの。きいちゃんは誰に言われたというのでもないのに、自分は下の四人の妹たちと同じように大きな顔をしていてはいけないのだ、みんなの邪魔にならないようにそっと日を送っていかねばならない、もしも、こんなあたしでも嫁にともらい手が現われたなら、さっさと行かねばならない、と、小さいころ

からそう思いつめていたっていうの。後妻さんとどうのこうのというのではなかったの。義母はごくあたりまえの人で、べつだんつらく当たるというふうでもなかったらしいの。でもね、きいちゃんのことだから、後妻さんにいじめられてつらい思いをしているということを世間に知られてはいけないと一生懸命隠していたのかもしれないわ。そりゃ頭のいい人だったもの、私なんかきいちゃんのせいで、ずっと二等賞しかとれなかったわ。それに美人だったわね。

女学校を卒業すると、待ってましたとばかり縁談が舞いこんできたの。名古屋の大学の経済学部を卒業した秀才さんでね。有名な商社の新入社員だったのよ。頭がきれて、礼儀正しいものだから、上の人に目をかけてもらって、将来有望ということらしかったわ。きりっと結んだ口もとが立派で、男ぶりがよかった。それですっかりきいちゃんが参ってしまったということではないの。はじめにも言ったとおり、なるだけ早く自分は片付くべきだと思いこんでいたらしいの。一番の仲よしだった私にも一言も声をかけず、「もう決めてしまったから」としか言ってくれなかったわ。

それからのきいちゃんはどうだったか、互いに往き来することも少なくなってよく聞かされていなかったけど、夫が商社を辞めて、米相場に手を出し独立すると言い出したらしいの。きいちゃんの実家からも、元手の足しにと、なにがしかの助けをしたそうよ。これはきいちゃんが言うわけがないから、うちの父がどこかで小耳にはさんできた話なの。頭がよくて、礼儀正しく、よく働くので商売はすぐにうまく廻りはじめたらしい。そこまでは文句はないわね。ところが、いい男振りで、金まわりがよいとなると、放っておかない女がいるものよ。いやな言葉だけど、お妾《めかけ》さんができたの。東山あたりに、小ぎれいな家まで持たせてね。たまにきいちゃんに会うことがあって、私が水を向けても笑ってばかりで、そのことについては一言も話さなかったわ。それが、戦後のどさくさも過ぎたころのことだけど、夫がきいちゃんに、不意に、

「パリ見物に出かけるぞ」と言い出したらしいの。きいちゃんがあわてて、

「あら、何を着て行こうかしら。和服じゃへんでしょうか」と言うと、夫は、

「ばか、誰がお前を連れて行くと言った」っていうのよ。「連れて行く」という言葉を聞いて、きいちゃんはすぐ「ああ、東山の女が一緒なんだわ」とぴんと来たっていうの。

あまり自分の婚家の話をしたがらないきいちゃんが、このことだけは聞き出しもしないのに、向こうから話しだしたのよ。よほどくやしかったのだと思うわ。でもね、堰《せき》が切れたっていうのか、栓が抜けたっていうのか、この話を聞かせてくれてからのきいち

ゃんは、人が変わったみたいに、自分や自分の家のことをよく話すようになったのよ。ひとつには、二人とも、子どもたちが大学を出たり嫁に行ったりして家にいなくなり、昔の友だちとむだ話でもしてないと間が持てなくなったということかもしれないわね。あら、きいちゃんの悲しみが深まったせいだと言うの。そうでもないわ。昔から賢い人だったけれど、齢をとるにつれ、ますます立派なおかみさんになっていったみたいだわ。あたしはああいう商売を手広くやっている家のことには縁がないからさっぱり判らないんだけど、商売のことにかけてもきいちゃんがいないと廻っていかないところもあるらしくて、使っている若い人たちは、「おかみさん、おかみさん」とすっかりもたれかかっていたみたいなの。それで得意がるようすはこれっぽっちだって見せるようなきいちゃんではないけれどね。

商売も絶好調というころに、魔がさすというのか、巡り合わせというのか、御主人がぽっくり逝ってしまったのよ。そうよ、人間寿命がくれば、長患いしてからだか、ぽっくりだか、ともかく逝くものだけど、きいちゃんの御主人の場合は、ちょっと困ったことになったの。死に場所が悪かったわ。判るでしょ。東山のお妾さんの家で亡くなったのよ。

使っている若い人たちには絶対に口外しないと約束させて、御主人の遺体を自宅に移したの。夜陰にまぎれてというのかな。葬儀の準備が万端ととのって、御通夜という晩のこと、ふいに玄関先に立った人がいたの。東山の女よ。

御遺体を一目拝ませてほしくて参りましたと言ったそうよ。さあ、ここできいちゃん、生涯に一度の大科白《おおぜりふ》になったの。

「どこのどなたか存じませんが、縁もゆかりもない方に遺体を引き合わせるわけには参りません。いえ、この家のしきたりではありません。たった今、私が決めたしきたりです。どうぞお引き取り下さい。あなたたちぼんやりつっ立ってないで、塩を持っておいでな」

と、まあ、あのきいちゃんがどんな顔をして若い人たちに声を張り上げたのか、想像もできないわ。後できいちゃんが言うには、

「私、生まれてはじめて人間の言葉をしゃべった気がするの。ああ、これが世間でいう、しあわせというものかしらと思ったわ。その時はもう七十の坂を越えていたから、おそすぎたのかもしれないけれど、これで私も世間の女並みになれたのだと思ったの。あの日からよ、私がとみちゃんちにしょっちゅううかがっては話しこんでいくようになった

のは。子ども以来のあなたとのおつきあいが、あの時を境にして、ぐんと深まったような気がするの。いえね。それまでだってとみちゃんがいてくれたおかげでどんなに助けられたかしれないわ。でも気兼ねもあって、そうそう大ぴらにうかがうこともできなかった。それがあの時以来、私は誰に遠慮することもなく、思いのたけをはっきり言うことができる女になったのよ。こんなおばあちゃんになってからだけど、私、今が生涯のうちで一番しあわせなんだわ」ということだったの。

映画『幸福』の場合、一番かわいそうなのは姉と弟の二人の子どもたちではないかと思う。画面で見る限り、五歳前後の二人である。母が亡くなっていくらも時が経っていないのに、新しい母だと言って父親が呼び入れたエミリをあんなにすんなりと受け入れられるものだろうか。アニエス・ヴァルダ監督は、話の本筋とはかけ離れた枝葉末節のことと、すっぱり切り捨てたつもりかもしれないが、この新しい家族の将来を考えると、ここのところをきちんととらえておいてほしかった。フランス人であろうと、日本人であろうと、亡き母を追慕する心は変わるものではあるまい。この幼児たちのしあわせなくして、この一家の幸福はあり得ないのではないか。殊に姉のほうは女の子のことでもあるし、ものの判ってくる齢ごろでもある。ほころびはこのあたりから始まるのではないか。

私は、母に聞かされたきいちゃんならどうするだろうと考えてみた。ピクニックのうた寝の前に、ふともらした夫の告白一つで、子どもたちの後も先も顧みず湖に身を投げるなど、とうていあり得ないこととときいちゃんなら感じるはずだ。日本の女性は忍耐強いと言っているのではない。たった今寝かしつけたばかりの、あどけない寝顔に、ちらりとでも目を走らせたなら、いくら衝動に駆りたてられたにせよ、それを放っておいて自分一人身を投げることができるはずはない。この映画の欠点である。

このことをきいちゃんや母に話したら何と返答するだろうかと、二人が俳句談義をしているそばを通りかかったときに訊ねてみようかと思ったが、楽しそうな老人に余計なこみ入った話を持ち込むこともあるまいと考えなおして、「やってますね」とだけ声をかけて通りすぎた。きいちゃんが「あなたも俳句やってるの」と返してくれた。

民族性のちがいなどという大げさな話ではなく、人それぞれにがまんのしどころというものがあるのか。夫が妾を囲ったからといって、いちいち身投げしていたのでは、いのちがいくつあっても足りないのではないかと、苦笑した。きいちゃんの場合は映画ではなく、現にその生涯の大半を費して苦しみぬいた夫婦の間の問題である。苦笑しては不謹慎にすぎよう。

映画で夫婦の役を演じたジャン＝クロード・ドルオーと、クレール・ドルオーは現実にも夫婦であるという。二人のあどけない姉と弟を演じた子どもたちも、実子であるらしい。俳優というものは何をやらされるかわかったものではないなあと思った。きいちゃんの場合はもちろん、映画の登場人物として演じていたのとはわけが違う。自分の母がある日突然いなくなって、もう二度と会ってはならないとこわい顔をして父から言い渡された時、きいちゃんにはあどけなく、人からもらい泣きを頂戴するような演技などできるはずがなかっただろう。やがて小学校へ上がるという、早春のころだった。どんな意味なのか、ぼんやりと想像しながら、きいちゃんは自分にはもう「母さん」と呼べる人はいないのだと理解したのではないか。

まもなく父が迎えた後妻はやさしい人だった。自身の子が生まれてからも、決してきいちゃんを分けへだてしなかった。むしろ一層やさしくなったかもしれない。しかしやさしくされればされるほど、きいちゃんは居心地が悪くなっていった。いわゆる「なさぬ仲」というもので、傍《はた》から何を言われてもどうしようもない思いである。

小学校を卒業して、二人とも女学校に合格できて大喜びしていた春の夜、母のところに一通の電報が配達された。祝電だと思って開けてみて、母は、ぐったりと坐り込んでしまった。きいちゃんからである。しかも高山から。やっぱり行ったのだと思った。きいちゃんは自分の実母が名古屋を離れて高山の旅館で仲居として働いていることをつきとめたと、私の母に打ち明けていた。父が許してくれるはずもないから、もう私のことを捜さないでほしい、仲よくしてくれたのにすまないけれど、二度とこの地には戻らないつもりだと書き残したらしい。母は妙に胸さわぎがして、父に、つまり私の祖父に頼んでついていってもらい、高山へと出かけて行った。そして高山の警察に保護されていたきいちゃんと面会できた。きいちゃんの父も呼ばれた。

名古屋に連れもどされたきいちゃんは、もともと口数の多い子ではなかったが、ますます無口になり、ひたすら女学校の勉強だけに励んだ。もちろん、とびぬけての優等生だった。まだ子どもだったそのころの母には判るはずもなかったが、きいちゃんはすでに自分の行く末について堅い決心をしていた。

アニエス・ヴァルダにこの話を聞かせてあげたら、もっとちがう『幸福』を撮ったかもしれないと考えないわけでもない。しかし、日本人とフランス人では暮らしてきた歴史も、住んでいる土地柄もまるきりちがうのだから、きいちゃんの話くらいで、監督が考えを変えるものではないかもしれないとも思う。それにしても、あたたかそうな秋の陽ざしの中、新しい親子が仲むつまじく、紅葉の散る道をうしろ姿を並べて歩きつづけられるとはなあと思う。

モーツァルトの音楽が鳴りつづけているが、モーツァルト本人がこの映画を観たとしたなら、自分の作品がこのように使われていてうれしいと感じるだろうか。これもまた、日本人とオーストリア人とでは考えることも、感じることもちがうだろうから、と言うしかないように思う。アニエス・ヴァルダよりもずっと古い人のことでもあるのだし。

アニエス・ヴァルダは女性である。すべての女性がそのように見ているとはもちろん言わないが、『幸福』はあくまで、男性の視点からの幸福である。男性に寄り添って生きていかねばならない女性の立場からすれば、このタイトルは精いっぱいの皮肉をこめたものだと思わずにはおれない。

◎ヴァンセンヌの森への行き方

パリ市内ＲＥＲの高速鉄道Ａ４でヴァンセンヌ駅下車。徒歩十分足らずで森の中に入る。

第四章
ピレネーの民宿にて
『バルタザールどこへ行く』

『バルタザールどこへ行く』
1966年、フランス、スウェーデン
監督：ロベール・ブレッソン
配役：アンヌ・ヴィアゼムスキー（マリー）
　　　ヴァルテル・グレーン（ジャック）
　　　フランソワ・ラファルジュ（ジェラール）
95分、モノクロ作品

トゥールーズという大きな街に格別の思いいれがあるわけではないが、フランス国内を旅する際に、よくトゥールーズ駅を利用する。いくつもの鉄道路線が輻輳《ふくそう》していて、どこへ足をのばすにも便利なのである。というか、ここを経由しないとどこへも行けないようにダイヤが編成されていると思ってしまうほど「トゥールーズ経由〇〇行き」という列車ばかりである。北のボルドーやパリもそうだけれど、東のリヨンやマルセイユ、ピレネーの山並み深く入り込んでバルセロナへ向かう線には、毎年のように乗る。南下すればカルカソンヌを経てペルピニャンへ。その先はスペインである。

トゥールーズの駅から歩いてもそう遠くない街なかに、サン・セルナンという大聖堂がある。十一世紀の創建で、その規模も、その美しさも、フランス屈指のロマネスク様式の聖堂である。特に西側から眺めた夕映えの中の尖塔は、まさしく絵の中からぬけ出してきたような姿である。ある時、このサン・セルナン大聖堂は初めてではなかったが、夏の太陽が沈む夕焼け空にぬきんでる尖塔を仰ぎたいものだと、ねばったことがある。だがこの街に泊まるのではなく、一時間ちかくもバスに揺られて分け入った山里の村の民宿にもどらねばならないのだと気がついた。いずれ改めて訪ねることにして、その日は旅を切り上げて、トゥールーズ駅にもどってきた。山里へのバスは、そうおそくまでは運行していない。最終には間に合いそうだから、駅でコーヒーでもと思って、相変わらずにぎやかなホールへ入っていった。

その私の姿を見ていたのだろうか、日本人だとわかる二人連れの旅人が後ろからふいに声をかけてきた。二人は、一目見てすぐに親子だと知れた。老齢の女性と、中年過ぎの男性である。二人がしっかり手をつないでいるのが少々いぶかしかった。日本ではめったに見かけない習慣である。仲のいい親子ということだろうか。あるいは、慣れない異郷の旅で、はぐれてなるまいと母親がけんめいに息子にとりすがっているのだろうか。いずれにしてもほほえましい姿だと、私は遠い海外旅行の中で、見知らぬ人々ながらも、同胞にめぐりあえたことにほっとした。

「見も知らぬお方をとつぜんお呼び止めして申しわけありません」とめりはりの利いた久

しぶりに聞く日本語が、男性の口から発せられた。困っているようすなのを察して、カフェの椅子に案内して話を聞いた。

「じつは、トゥールーズに到着する列車が遅延しまして、さっそく駅前のホテルへ向かって部屋を頼んだのですが、三軒ばかり、どこも満員だとことわられました。母を連れておりますのであまりばたばたもできず、どうしたものかとうろうろしていたところなのです」

「そりゃお困りでしょうね。今日は金曜日だから駅前あたりは満室のところが多いかもしれませんね。どうでしょう……」と、私はこれから行く山里の民宿のことを話した。

牧場の中の村で、フランス人の若い主人と日本人のその奥さんが二人で経営している。二人の間にはまだ歩けない男の赤ん坊がいる。小さな民宿で、そう部屋数は多くはないのだけれど、泊まっているのは今のところ自分一人だけだから、頼めばお二人の分の部屋は都合をつけてくれると思う。トゥールーズの街なかでなく、とんでもない田舎《いなか》だけれど、それでもよければ電話を入れてみようかと誘った。男性は、願ってもない話だととびつかんばかりにして、電話してみてくれと言った。これが逆で、もしどこか大都会の駅頭で、リュックを背負った風采の上がらない男から、今夜の宿を世話してあげようと声をかけられたなら、自分はこんなにうれしそうに話にのるだろうかと、われながらおかしかった。

民宿のおかみの富美子さんが電話に出た。わけを話すと「大丈夫です」と何度も言ってくれた。二人は口をそろえて、まるで私が泊めてあげると言ったかのようにくりかえし礼を言った。まだ少し時間はあるが、バス停へ行って待ちますかと私が腰を浮かすと、男性ははじめて打ち明けた。ずっと二人が手をつないだままなのを、私が少々不審に感じて見ているのではないかと気がついたようすである。私は、世の中には仲のいい親子がいるものだ、自分が母親と手をつないで外を歩いていたのは、何歳のころまでだろうと考えただけなのだが。

「母は、眼がよく見えないのです。まるきりというわけではなく、すぐ前にあるものの形くらいはぼんやりと判別できるのですが。夜とか、暗い室内とかは苦手のようです」

「それは大変ですね。でも、トゥールーズとちがって、これから行く田舎は車もめったに通りませんから、安心です。そろそろバスが来るころですが、ここから一時間ちかくで行けます。いつもがら空きのバスですから、ゆっくり眠っていかれるといいでしょう」と言うと、二人はまたしても、私がバスを運転するかのように何度も礼を述べてくれた。

民宿では、ジョルジュという主人と富美子さんが門の外まで出て、迎えてくれた。

富美子さんは、トゥールーズとちがって御不便かもしれませんが、人ごみの中を移動するのとはちがって、至ってのんびりしていますから御安心くださいと、私と同じようなことを言った。すると、老母がはじめて口を開いた。

「眼が不自由なものですから、何かと御迷惑をかけますが、息子の指図どおりにして気をつけますので、どうか四、五日置いていただけるとありがたいです」と、演劇の台詞《せりふ》のようによどみのない正確な日本語で懇願した。フランス語だけしか聞こえてこない中に毎日身をさらしていると、美しい日本語というものがたまらなくなつかしく感じられる。

「私たちは札幌から来ました」と自己紹介した。このような日本語がふだんいたるところで話されているとしたら、まだ一度も行ったことはないが、札幌という街はおだやかで美しい都会なのだろうと想像した。

親子は旅装を解いて、ぼだい樹の下のテーブルに加わった。ジョルジュがコーヒーを運んでくれた。老婦人は時おり、空の光を透かし見るかのように仰向いて首をかしげながら、問わず語りに次のような話を聞かせてくれた。誰もうるさく尋ねたりはしなかったし、富美子さんも私も「ほう」だの、「えっ」だのといった相槌すら打つことなしに黙って耳を傾けていた。

夫の父親と、私の父親とが学生時代以来の親友だったこともあり、私たちは幼いころから、ゆくゆくは夫婦になるのだと言い聞かされてきました。夫も私もそれがどういうことか判断もつかない時分から、親の言うとおりにするのだと決めておりました。二人とも、そのことが少しも嫌ではありませんでした。夫が大学を卒業するのを待ち構えていたかのように、私たちは祝言をあげました。と申しますのは、戦争のことがございましたからです。若く元気な男が赤紙一枚で戦場に送り出される姿を、親たちはいやというほど見せられてきたからです。戦場へ征《い》く前に夫婦にしてやりたい、できることなら孫の顔も見させてほしい。そう考えていたのです。戦地で亡くなった人々にはこう申してはなんですが、結局、夫に召集令状は来ませんでした。それを運がよかったなどとは口が裂けても言ってはならない時代でしたから、私たちはひたすら赤ちゃんを授かることだけをひそかに祈りつづけて、戦時下のきびしい日常の中でも、二人して幸せな毎日を送っておりました。

そこへ、この人が生まれたのです。そして、一年おいて二番目が生まれました。元気な男の子です。大げさに祝うという時代ではありませんでしたが、みんながどんなに喜んだことでしょう。ところが、いいことばかりが私どもだけにもたらされるものではありませんでした。

夫に、召集令状が舞い込んだのです。すぐさま中国大陸へ送られました。軍事郵便ですから、よけいなことは書けなかったのでしょうが、その後まもなく南洋方面へ転戦という便りが参りました。みんなはその段階で、幸運は尽き果てたと覚悟したようでした。戦死の報が入ったのは、敗戦の翌年の冬でした。義父と義母はそれがよほど身にこたえたらしく、二年ばかりの間につづいて他界しました。

本当につらかったのは、その後でした。夫の家を守らねばという思いもあって、私はこの人と二つ年下の男の子二人をささえに、それこそ容貌も一変してしまうほどに歯をくいしばる日々を送りました。幸い、この人はお兄ちゃんとして聞きわけのよい子に育ってくれました。一度も叱った憶えがないくらいおとなしい子でした。たまにおなかを空かしてぐずったりしましたが、私が少しでもにらんだりしますと、すぐ涙声で、「ごめんなさい」と言うような子でした。

思い出しますと今でも笑えますが、この人が、ランドセルがこわれて恥かしいといつまでも登校しようとしないことがありました。

「母さんに今お金がないことくらい判っているでしょ。いつまでもわからず屋してると、あのアドバルーンにくくりつけて飛ばしてしまうわよ」と言いました。ところが、そばでそれを聞いていた弟が、

「ぼくもしばりつけて。アドバルーンで飛ばして」と言うのです。もう叱るすきもなく、苦笑しているしかありませんでした。そんなふうにして、敗戦後の貧乏暮らしをやりくりして参りました。この人は亡父と同じ大学を出て、土地の新聞社に就職しました。けれど、弟のほうが、大学入試に二年つづけて失敗した挙句、「東京へ行く」とだけ置き手紙を残して出て行ったきり、行方不明になってしまいました。この人は「大方、アドバルーンにくくりつけてもらって、どこかの空をさまよってるのだろう」と言いますが、半分は当たっているような気がしました。あの子は、アドバルーンだろうとジェット機だろうと、行きたいと思うところへはどこへなりと飛び出していく子だろうと、おろかな親心には思えておりました。

そんな時、突然あの子から手紙が舞い込みました。

「病院に入っている。母さんに死ぬまでに一度でいいから会いたい」とありました。この人は読み終わるや、「ほっておけないよ。すぐ東京へ出かけよう」と申します。私は

「刑務所でなくてよかった」と一瞬思いましたが、この人が怒るだろうと思って黙っておりました。ともかく手紙にあった病院の所在地をたずねて二人して上京しました。

病室に一歩足を踏み入れて、この人も私も「あっ」と息を呑みました。これがあのふっくらした色白のわが子かと絶句したのです。肺癌《はいがん》でした。

「母さん、元気だったんだね」と言い、「兄ちゃん、会いたかったよ」とつづけました。

「何かほしいものはないの？　何でも言ってごらんな」

「もう何もほしいものはないが、観たい映画がある」と言うのです。

「何という映画だ」とこの人が尋ねますと、

「ロベール・ブレッソン監督の『バルタザールどこへ行く』だよ」と答えました。

「どこでやってるんだ。都内の映画館か」

「有楽町の映画館だよ」

「よし連れていってやる。母さんと三人で観に行こう」と、この人。男兄弟というものはこんなものかと、私は涙をこらえながら二人の横顔を見つめておりました。担当の先生に伺うと、本人さえ苦しくなければと許可を下さいました。もう長くはないと先生はお判りだったのだなあと、今になって思い返しております。

先生から映画館のほうへ電話を入れていただき、親子三人そろって出かけました。夫と二人して映画館へ入ったことはありましたが、親子三人そろってというのは初めてでした。毛布にくるまれた息子は、寒そうにふるえていました。この人は「大丈夫か」と何度も肩を抱いていました。私は両手でしっかりと、あの子の右手を握りしめていました。涙がこぼれて止まらなかったのは、短い命を鞭打たれつづけて過ごしたろばのバルタザールのせいなのか。あるいは、そのろばに花の冠を編んであげる美しいマリーという少女の、酷薄な運命のせいなのか。それとも、やがて否も応もなく迫ってくる死と向き合っているあの子のせいなのか。今ではそれらがごっちゃになって、あの日のことを思い出すたびに泣けてきて涙がとまりません。

牧場で羊たちに取り囲まれながら、なぜ官憲の発した銃弾によって息を引き取らねばならないのかもわからぬままに眼を閉じるバルタザールのことを、あの子は自身の上に引きくらべて観ていたのでしょうか。

「母さんありがとう。兄ちゃんありがとう」と幾度もくり返しました。その後あの映画はDVDで何度も観ましたが、有楽町で三人で観たスクリーンが、この眼の裏から離れません。視野がしだいにせばまり、ものの形がどんどんぼやけていきます。もうじき暗黒の世界に落ち込むのかと思うとつらいですが、あのスクリーンのきらめく画像はまぶたから消えることはないと思っております。別れにあの子は、いいものを観させてくれたのです。

もう最後の機会だと思いますし、この人も定年退職して自由な時間ができたと申しますので、皆様にずいぶん御迷惑をおかけするのではないかと、とまどいましたが、思いきってろばのバルタザールが死んでいったピレネー山脈の麓《ふもと》の牧場を見に行きたいと無理を申しました。この人にも家庭はあるのですが、「一箇月かそこらなら、母さんと二人で行ってこよう」と言ってくれました。

バルタザールの死んだ牧場などと、雲をつかむようなことを言ってみてもと、何度も遠慮しようと思ったのですが、あの子があの映画のどこに心動かされたのかヒントのようなものがつかめるのではないか、あの子の心の底にあったものの一端にでも触れられるかもしれないと、出て参りました。ピレネーの山ふところの牧場で、ろばのいる村を と唱えながら捜しまわれば、それらしい牧場に出くわすかもしれないと、パリからトゥールーズまでやって来て、駅でうろうろしているところを、このお方に助けていただきました。こちらの民宿に長く御滞在とかで、御縁があって連れてきていただきました。

伺いますと、ブレッソン監督は御自分もお好きだとのことで、いっしょにバルタザール
の死んでいった村を捜しに行きましょうとまで、おっしゃって下さいました。

時々涙声になりながら、母親は語りつづけた。息子はコーヒーカップを持たせてやったりしながら、またその話ですか、やれやれといったふうなそぶりは一切見せず、上半身を母親の椅子のほうに傾けていた。今宵はじめて聞く身の上話に耳をすます人のように。どこか遠くからわたってくる涼しい夏の夜風の音を聞く人のように。

富美子さんに抱かれていた赤ん坊が、しきりに何かつぶやいていた。閉じたり開いたりするその掌《てのひら》が、ふと老婦人の手と触れ合った。また何事かを憶《おも》い出したかのように彼女は、半ば閉じたまぶたの上に新しい涙をうかべた。息子がハンカチを取り出して、そっと拭ってやった。

「三箇月ほど懸命に看病しました。あの子はこの赤ちゃんと同じようにして、私に手を差しのべましたの。『母さん、母さん』と二度呼んでくれました。そして静かに、最後の息を吸い込みました。長かった不在の果ての、あの子と私の最後の夜でした」

幾度も聞いた話ではあろうが、息子は励ますように母親の手の甲をさすってあげながら、

先を促すように涙のつたい落ちる頬をのぞき込んだ。

「同じようにおなかを痛めたわが子ですもの、この人とあの子とどちらがいとしいというわけへだてなど、これっぽっちもしませんでした。なのに、おとなしくて聞きわけのよいこの人には、『そうね、おりこうさんね』と声をかけることが多かったみたいです。次に何をしでかすか判らないあの子からは目が離せなくて、しょっちゅう『いけません。およしなさい』としか言わなかった私。今になってみれば、あの子が『ぼくもアドバルーンにくくりつけて』と言った気持ちが痛いほどにわかるのです。今ごろわかったところで何にもなりませんわね。もう私は、あの子に何もしてあげることはできません。思いついたことは、苦しい闘病生活の中を押してでもあの子が観たいと言った『バルタザールどこへ行く』をもう一度観せてあげられないかということでした。そこで脳裡にひらめいたのは、このたびの、ピレネーの山ふところの村への旅でした。あの子の遺していった身の回りのこまごました品の中から、幾葉かの写真を抜き出して持って参りました」と言って、母親はバッグの中を手さぐりしていたが、部屋の旅行かばんの中だったと気がついたようすだった。

やがてジョルジュが夕食を運んできた。おいしそうな香りに、老婦人はそっと顔をかたむけてほほ笑んだ。

「お二人を案内して、あさってくらいにピレネーの牧場の村へ出かけます。私もそんなにくわしいわけではないのですが、ピレネー山脈の中に点在するロマネスクの聖堂を拝観するため幾度も訪れていますので、おおよその見当はつけられますから」と、私は言った。

「にぎやかなことが好きだったあの子のことですから、きっと喜ぶことでしょう。せっかくくつろいでおいでのところへ、こんなお願いまでしてしまいまして……」と老婦人は、心底申しわけないというようすで言った。ジョルジュがピレネー方面の民宿経営者仲間に連絡を入れて、泊まる部屋を予約してくれることになった。「そこにうまい具合にバルタザールがいるとは限らないが」と言いながら。


ピレネーへ入る道はいくつもあるが、札幌の親子の希望というか、母親の懇願でポーから支線に乗り換えてオロロン・サント・マリーという終着駅まで入り、さらにバスでスペインのサラゴサを通るサンチャゴ・デ・コンポステーラ詣《もう》での巡礼路の一つをたどることにした。もちろんサラゴサまで行くのではなく、途中の牧場の村でバスを降り、ジョルジュが予約を入れてくれた民宿まで歩いてみようということである。その村には、ジョルジュも富美子さんも行ったことがあるらしく、静かで美しい村だとうけあってくれた。だが、そこにろばがいたかどうかまでは記憶にないと、二人は申しわけなさそうに言った。ろばなどというものは、その気になって捜していないと見落してしまいそうな家畜だということがよくわかった。

トゥールーズからバイヨンヌ方面に向かう列車で、日本でもよく知られているルルドを過ぎ、その少し先のポーで降りた。私の生まれ育った三重県の津は、かなで「つ」一字なので、世界一短い駅名だといばっていたが、ポーは駅のアナウンスでは延ばさずただ「ポ」とだけ告げていた。負けたなと苦笑した。アルファベットで綴《つづ》ればどちらも三文字である。津の若い人たちの団体が、ドイツ語の「Z」にしようと言い出したことがあった。これならば、まちがいなく世界一短い地名になったはずである。だが、あちこちから横槍が入ったせいで、今も三文字の「TSU」のままである。

長い列車のたいくつしのぎにそんな話をしたが、母親と息子は声を出して笑ってくれた。そのポーからオロロン・サント・マリーへ入る列車は二輌編成のローカル線で、美しい緑の牧場や、麦の穫り入れのすんだ畑の中をのどかに走りつづけた。終着のオロロン・サント・マリーからは、バス連絡になっている。以前は、サラゴサまで山岳鉄道が通じていたらしい。バスの車窓から、その廃線跡がちらりと見えたりもした。「あの線路が復活したら、サラゴサまで乗りに来たいなあ」と言うと、「弟もそう言うと思います。いわゆる鉄ちゃんの気《け》がありましたから」と息子は遠い少年時代を思い出したかのような眼差しをした。

いわゆる鉄ちゃんと呼ばれる人々なら必ず思いつきそうなことではあるが、ヨーロッパあたりでは、古い線路と車輌を修復して実際に走らせたりする団体もあるようだ。イギリスやドイツなど、引退した鉄道会社の元職員を中心としてボランティアで駅員や運転手になって、客を乗せて走らせたりする国もあるという。そんな話をにぎやかにつづけていると、母親は、

「久しぶりですよ、こんなお話。あの子は鉄道が好きでしたから、私たちの話を聞いて、大喜びしているにちがいありません」とにっこりした。

平野をまっすぐ進む道がしだいに登り坂になりはじめ、いつしかバスは両側にけわしい山肌が迫る山岳地帯に入っていった。ピレネーなのだなと、一同口数が少なくなって、窓に顔を押し当てるようにしながら外の景色に見入った。移り変わる風景を、息子はラジオの実況放送のように説明しつづけた。それがまるで新聞記事を読みあげるような調子なの

がおもしろかった。

ジョルジュにメモしてもらった紙切れを運転手に見せると、「もうすぐだ。あと十分か十五分くらいだ」と言った。降ろしてもらったバス停には、標識が一本立てられているだけで、待合所のような小屋はなかった。あたりは森林ばかり。バスが走り去ると、鳥の鳴き声が聞こえてくる。かっこうの声もする。私にはそれ以外の鳥の声は聞き分けられなかったが。そこから、ジョルジュに手渡されたメモの番号に電話を入れた。

バスの走る道から外れて、村道とでもいうのか、細い道が森の奥へとつづいていた。その奥から、民宿の送迎車が現われた。運転手は、ジョルジュの知人だと名のって私たちを車に招き入れてくれた。民宿は、森の一角を切り拓いた空き地の中に建っていた。前庭も窓辺も、ゼラニウムやマーガレットやフランス菊など、とりどりの色の花で埋めつくされていた。息子はまた新聞記事を読みあげるような調子で、そのあざやかなさまを母に説明して聞かせた。母親は「名前を聞けば、どういう姿だかわかります。北海道もピレネーも、香りは同じなのですね」と言って顔を寄せ、「うっすらとだけど、花の色が浮かぶのです」とうれしそうに言った。

「今日はお疲れでしょうから、少し夕食を早めにします。どうぞゆっくりお休みください」と、女主人が挨拶に出てきた。その夕食は、母親が「ジョルジュさんのところのごはんと同じくらいにおいしいわ」と言ったとおり、一同大満足でたらふくいただいた。

翌日、玄関先にしつらえられたテーブルを囲んで私たち三人が朝食を摂っていると、聞きなれない足音が近づいてきた。森の中の細道を曲がったところから姿を現わしたのは、何と少年に曳《ひ》かれた一頭の黒いろばだった。息子のほうが、「母さん、バルタザールが来たよ」と声をあげた。私も腰を浮かせて「おう」と発した。後日、富美子さんから聞かされたのだが、ジョルジュが事情を知って、ここの民宿の主人との共同演出を企てたのだそうである。ジョルジュがかいつまんで事情を述べると、「何とかやってみよう」と受け合ってくれたという。「うちにはろばはいないが、近所の農家で、小学生の息子がペットとして一頭の黒いろばを飼っている。あれにバルタザールの役をやってもらおう。頼めばきっと引き受けてくれると思うよ。おやじさんも息子もいい人だから」と心得顔に胸をたたいたらしい。

少年はろばを私たちのテーブルの傍に立たせると、ぽんぽんと首筋をたたいた。ろばはうなずくように、たてがみを二度三度ゆすってみせた。少年は老婦人の手をとると、そっとろばの長い耳に近づけた。彼女は一瞬たじろいで手をひっこめそうにしたが、「これがろばなのね。あなたのろばなのね」と言って、何度も首筋をなでてやっていた。「生まれてはじめてなの。ろばに触るの」と少々若やいだはずんだ声をあげた。

「あの子の子ども時代だったら、きっとろばにのっけてと言ったでしょう。アドバルーンにくくりつけて飛ばしてなんて言う子どもだったのですもの」と、見えづらい眼をろばの鼻先にまですり寄せた。少年は「乗りませんか」とすすめた。息子は「母は眼が不自由ですから、何かあると大変ですので、せっかくですが、触るだけにさせてもらいます」とことわった。

オロロン・サント・マリーへ戻るバスの中で、母親は、

「あのろばにバルタザールという名をつけましたの。あの少年には内緒で」と言った。

ジョルジュの民宿に帰ってから、ろばの名前の話をすると、「電話で聞いてあげよう」と言ってくれた。ピレネーの森の中の民宿の主人は、もちろん少年のろばの名前を知っていた。「ボヌールというんだって」とジョルジュが教えてくれた。

ボヌールか。幸福号だね。そしてあの映画に出てきたのは、バルタザールなどと御大層な名前をちょうだいしながら、麻薬密売の一味の荷物運びに酷使されて、あげくのはては、

銃弾にたおれて生涯を終えたろば。結局、飼い主次第で運命がどちらへでも転ぶ生き物の一生を、何ともあわれに思った。と同時に、それは動物ばかりの話ではないぞと気づいて、ベッドの毛布を両の肩口にまで引っ張りあげた。もうすぐ秋が来るようだった。

◎ピレネーへの行き方

パリのオステルリッツ駅からトゥールーズまで急行で七時間少々。バイヨンヌ方面行きに乗り換え、二時間ほどでポー。ここから支線で終着オロロンまで三十分。この先がピレネーで、サラゴサ方面へのバスが出ている。

第五章

アルマニャックのワイン

『五月のミル』

『五月のミル』
1990年、フランス、イタリア
監督：ルイ・マル
配役：ミシェル・ピコリ（ミル）
　　　ミュウ＝ミュウ（カミーユ）
　　　ドミニク・ブラン（クレール）
　　　ポーレット・デュボスト（ヴューザック夫人）
107分、カラー作品

フランスでぶどうが栽培されているのは、パリあたりが北限のようだ。それより北の地方では、りんごの栽培が中心で、ワインではなく、りんご酒（シードル）の主産地となる。一面のぶどう畑が広がるのは、プロヴァンス地方、ボルドー地方、ブルゴーニュ地方などである。私は、学生やポルトガル人をはじめとする近隣諸国からの出稼人を雇い入れて一斉にぶどう摘みをする秋にこのあたりを訪れたことはないが、夏のぶどう畑もみごとである。わかりやすくたとえるなら、穂の出る前の日本の稲田のようと言えようか。丘を越えて吹く涼風にゆらめく真夏のぶどう畑を列車の窓からはじめて眺めた時は、「あれ、フランスにも水田があるんだ」と錯覚しかけたほどだった。

映画『五月のミル』は、フランスの南西部アルマニャック地方を舞台にしている。赤ワインの銘酒を産するボルドーの東隣の地方である。おいしい酒ができるだろうことは疑う余地もない。ワイナリーと言っては大げさだが、ミルは親から譲られたぶどう畑からワインを少々造り、なお生計の足しにと、養蜂も手がけている。決して手広くというのではない。ぶどう畑に囲まれた、ゆるやかな丘のふもとにミルの邸《やしき》はある。みつばちのかすかな翅音《はおと》がおだやかな眠りを誘うような、よく晴れた夏の午後、ミルのお母さんが台所で野菜をきざんでいる。時々その手を休めては、そっと涙をぬぐう。悲劇の始まりを伝えるプロローグかと思いきや、この母親、じつはたまねぎをきざんでいたのだ。「うん、いいぞ」と観客がいっせいに椅子から身をのり出すシーンである。

しかし、本当は悲劇が始まるのだった。急にめまいを感じた母親は、やっとこさ居間のソファまでたどりつき、そのままこと切れてしまうのである。この役を演じているのは、ポーレット・デュボスト。映画の冒頭で死んでしまい、親類縁者が集まってきて葬儀を執り行なうまで、全篇を通じて、ずっと死者として横たわっている。斬られたり、撃たれたりして死に、すぐ画面から片付いてしまう役者は多いが、はじめからしまいまで死人の役を演じつづけるのは珍しい。撮影所へ出向いて、一日中寝ているだけでギャラがもらえるなんてうらやましい、というようなものではあるまい。生きながら、死人の演技をつづけるのだから。

訃報を受けて、このシャトーの主人ミルの許《もと》へ、弟妹やそのつれ合い、姪たちが車でつぎつぎとかけつけてくる。型通り遺体に向かって十字を切ると、すぐ画面は、テーブルに皿を積み上げていくシーンに切り替わる。葬式に集まった人々をもてなす料理の準備を始めたのかと思ってしまう。とんでもない話で、遺産分けのはじまりなのだ。突然の母の死を嘆く愁嘆場など、一切省略である。おいおいと思ってしまうが、これは日本でもフランスでも同じことであろう。古川柳に言うではないか。

泣く泣くもよいほうを取る形見分け

彼らは泣く泣くではない。そんなめんどうな手順はすべてすっ飛ばして、せっせと皿を積み上げにかかるのである。本音はどうだかしれないが、日本人はこうまであけすけには振る舞わないと思う。さっさとうだつの上がらない家郷を捨ててパリやらトゥールーズへ出て行ってしまっていながら、形見分けとなると皿の一枚でも取り分は取り分として主張する。ルイ・マル監督の皮肉な眼光がきらめき始めるのである。ミルとしては、母親と二人しておだやかな田舎《いなか》ぐらしを送ってきたところへ、その母の急逝を嘆く暇もなく、遺産相続のごたごたを始めるのだから、いくらおっとりした総領の甚六とはいえ、肚《はら》にすえかねる思いがしたことだろう。

あるとき、私はアルマニャック地方の中心の町オーズへ行ってみた。低くうねる丘のつづく奥にある小さな町だった。フランスの田舎でよく見かけるとおり、町の中心に教会があり、その前が広場になっている。カフェやレストランがその広場に椅子とテーブルを並べていて、町の人々はのんびりサラダやサンドイッチなどの昼食を摂っている。赤ワインのグラスも出ている。陽の光をむさぼるように、みんな外のテーブルを囲んでいる。店内のうすぐらい席には、ほとんど人の姿はない。私も、フランスは初めてじゃないよというふうにつくろって、教会の塔を仰ぎながら、サンドイッチをむさぼった。

隣の席に、中学生くらいかと思われる少女を連れた中年の夫婦が坐った。日本人のようにそそくさと注文して、まだ来ないのかといらいらするようなようすは見せない。メニューを三人それぞれに持って来させて、何やらもめはじめた。主人が何か決めようとすると、奥さんが否を発する。娘も一人前の顔をして、ああだこうだと言い張る。たかがサラダやサンドイッチを選ぶだけのことに何のさわぎかと思ったが、しだいに野次馬根性がつのりはじめて、どうなるのか、なりゆきを見きわめようという気になった。とうとう娘のいらいらが爆発して、さっと立ち上がると二つばかり離れた席へ移ってしまった。給仕の青年は「よくあること」というような顔をして微動だにしない。奥さんも、娘のほうへ眼を走らせるようすはない。主人がやれやれというようすで立ち上がって、娘の注文を聞いてやる。娘はあっさり機嫌をなおして、父親の両頬にキスをした。結末を見とどけるつもりでいたのがばかばかしくなって、勘定をすませて出てきた。

オーズは、城壁と城門を構えた、十三世紀ごろに起源を持つ城砦都市である。ゲルマンの血をひく北フランスと常に熾烈な戦いをくり返してきた、ラテンの血が流れている南の土地柄である。人の都合ばかりで折り合いをつけるような連中ではない。たかがランチを何にするかで本気になってもめているのを見て、こんなことにまで思いをめぐらすのも、旅人のつれづれなのだろうか。やはり、日本の家族とはちがうなあと思ってしまう。

北フランスのパリの政府が安いイタリアワインの輸入を自由化したのを怒って、このあたりの農村では、こともあろうに自分たちの銘酒を道路にぶちまけたという。ワイン戦争である。気に食わないとなったら、とことんやるのである。

一九六八年五月には、大学生などのデモを契機に、全国的な暴動が起こった。世にいう「五月革命」である。鉄道の労働組合がストライキをするとなると、「公共交通機関だろ。国民の迷惑を何と心得ているのだ」と冷やかなのは日本人である。為政者にとっては、こんなに統治しやすい国民はない。フランス人は「がんばれ」と励ますだけでなく、オフィスの窓から若い女事務員たちは手を振る。あげくの果てには、わっせわっせとデモに参加する。五月革命は、大学の自治とか学問の自由とかいうレベルをやすやすと乗り越えて、ついにド・ゴール政権を倒してしまった。バスチーユの刑務所に端を発した革命の流れは、脈々としてつづき、ワインはぶちまけるわ、シャンゼリゼの敷石を引きはがして投げつけるわ、ともかく血の気の多い連中である。この連中がアルマニャックの田舎にまで押し寄せてくると、ミル一族は聞きこんできた。一つには、全国的なストライキで、葬儀組合も同調したため、ミルの母親の葬儀もまともに出せなくなるかもしれないということもあった。ちっぽけなワイナリーでも、ミル一族は労働者や学生たちとは階級がちがうという話になってしまった。あの「暴徒たち」がいつ攻めてくるか知れたものではない。たとえ猫の額ほどのぶどう畑でも、ここに納まり返っていては命さえあぶないというので、一族こぞって山の中へ身をかくすことになった。日本でも百姓一揆といって、お百姓さんたちもやる時にはやるものだが、フランス革命や五月革命となると、スケールが桁外れである。おびえ、ふるえ上がってしまったミルたちは一晩中、山の中をさまよい歩く。そして夜が明ける。山の頂《いただ》きから、ちっぽけなミルのぶどう畑に、さわやかな五月のみどりが広がっているのが眺められる。

一族は、学生たちや労働者たちを暴徒だと恐れ憎み、母の残していったいくらもない遺産を早い者勝ちとばかりに争って奪い合おうとしていたことが、ばからしくなってしまう。アルマニャックの美しい自然と、それを大切に守り育ててきた祖先の営為に、すっかり心を奪われてしまうのだった。集まった日と同じように一族は車を運転して、何事もなかったかのごとく、パリへ、トゥールーズへともどって行くのだった。

私がこの映画に感動したのは、この言わず語らずの血族ならではのあたたかい和解の場面ではない。そのあとのシーンである。母の葬儀も埋葬も無事すませ、集まっていた親族もみんな引き揚げていって、ミルはひとりぼっちになった。うす暗い居間に灯もともさずぼんやりしていると、まるで大きな流星のように、二つの眼玉が浮かび上がってくる。何だろうと、ぎくりとさせるショットである。ふくろうだ。ふくろうには西洋では死のイメージがつきまとっている。ギリシャ神話で、冥府で何も食べずにいれば再び地上に戻れるという約束だったペルセフォネは、ざくろにかじりついている姿を見つけられてしまう。母のデメテルの怒りを買い、彼はふくろうに変身させられてしまったという。そんなこともあって、西洋では「ふくろうの鳴いた家では死者が出る」とか、「ふくろうの声のしている時に生まれた子は生涯不運」とかいった言い伝えがある。日本では、これとよく似た役割をからすが背負わされているようだが。

全篇を通じてずっと死人だった母親の、ラストシーンである。ミルが寝ようとすると、居間の奥に、元気だったころの（と言ってもつい先だってのことなのだが）、母の姿が現われる。どうして墓地からもどって来たのだろう。何か言い残したことがあったのだろうかと、ミルは立ち上がって、母のほうに両の手を差しのべる。すると、赤ん坊だったころのミルを抱きかかえるように、母はその手を取った。ミルはふわりと体が浮き上がる思いで、母の腕の中にわが身をまかせる。そして、ダンスが始まる。母と子の二人きりのダンス。

葬儀が済んで間もなくというころではないが、私も死んだはずの母にばったり出会った体験がある。夢の中とか、亡霊だとかいうようなものではない。ちゃんと二本の脚もそろっていた。

秋も終わりころの小寒い晩のことだった。ベッドの裾が妙にすうすうするなと思ってふいに目が覚めた。就寝中目覚めるというのはよくあることなので、やれやれ何時なんだろうと、サイドテーブルをまさぐってみたが、時計は置いていなかった。のどが乾くので水でもと思って、もう一度手を伸ばしてみたが、いつも用意しておく水差しもコップもない。ないとなると妙にのどの乾きがつのる。「やれやれ」と低く声をあげて台所に行くことにした。

あれっと思った。消灯せずに寝入るという習慣はなかったので、誰かが先に台所に入ったのかと目をこらした。うしろ姿であるが、疑う余地もなく母だった。とっさに、母は亡き人なのだということを思い出すことはなかった。白いエプロンをかけ、うつ向いて何かをこしらえているようすである。どこの家庭でもそうだろうが、母親というものはつねに台所ではうしろ姿である。何の疑いもなく、「母さん、お水を一杯くれないかな」と声をかけた。すると、うしろ姿が一ゆらぎしたと思う間もなく、母の姿は台所の暗い窓の外へと消えていった。はじめて、背中から水を浴びせかけられたようにぞっとした。

あれは一体何だったのだろう。うしろ姿だったが、実の母親を見誤るはずはない。もはや眠る勇気もなく、ベッドの中に身をちぢめて一夜を明かした。それ以来、もう真夜中に台所へ行くという勇気はなくしてしまった。ミルのようにダンスをする気転はきかないし、そんなしゃれたことのできる母でもなかったが。

総領の甚六などといって、長男は一家の中でもおっとりして気のいい者が多いと思われがちだが、この映画のミルもまさしく、そういう人物として描かれている。ミルのような人間が父祖の領地を受け継いでも、家運を隆盛に向かわせたり、所領を増やしたりする甲《か》斐性《いしょう》はあるまい。寄ってたかって、スープ皿の一枚に至るまで持っていかれるのがおちだろう。

ミルは、そういうごたごたに巻き込まれるのがいやなのである。母のいなくなった一人暮しの中で、ミルは少量ではあってもとびきりおいしいワインを造りつづけ、みつばちを育てつづけていくのだろう。母がもう一度現われて「こっちへおいでよ」と言ってくれる日まで。アルマニャック地方とは、そういう田舎だと、今夏、三日ほどかけて歩きまわってみて、しみじみ感じた。この映画を観ていない人が行っても、同じように感じると思う。

世間はせまいというか、合縁奇縁というか、滞在した三日のうちの初日に教会前の広場で出会った三人連れの一家に、もう一度出くわした。観光客に醸造所を見学させたり、ワワインを売ったりしているやや大きめのワイナリーに入った時のことである。件《くだん》の一人娘はワインなどに興味はないらしく、両親と離れて勝手に中庭を歩きまわっていた。夫婦はどのワインを買おうかと、娘のほうなど気にもとめずにもめていた。

◇アルマニャックへの行き方

パリのオステルリッツ駅からトゥールーズ方面行きの急行列車で四時間半ほどのところにあるブリーヴで乗り換えボルドーに向かう。列車右手の車窓に、リムーザン山地とドルドーニュ川にはさまれた平原にぶどう畑がひろがる。サルラからツアー用のミニバスも出ている。

第六章
プロヴァンスの山里
『プロヴァンス物語／マルセルの夏』

『プロヴァンス物語／マルセルの夏』
1990年、フランス
監督：イヴ・ロベール
原作：マルセル・パニョル
配役：フィリップ・コーベール（ジョゼフ）
　　　ジュリアン・シアマカ（マルセル）
　　　ジョリ・モリナス（少年リリ）
111分、カラー作品

パリからTGVで一眠りしているうちにマルセイユに着いたというのでは、プロヴァンスに申し訳ないと思い、TERというローカル列車を乗り継いで二、三泊しながらフランス中部山岳地帯を南下することにした。クレルモン・フェラン、リヨン、グルノーブルに一泊ずつしたが、前にも泊めてもらったことのあるホテルで、のんびりと旅の疲れをいやすことができた。大詰めのグルノーブルからマルセイユへは難物で、比較的大きな都市間を走る路線なのに、乗り継ぎをせねばならないダイヤになっていた。フランスアルプスの西の麓《ふもと》を地中海めざして走るのだが、深い森林地帯をひたすら列車は南下した。列車は、ブレーキが故障したみたいに、停まることなくひたすら走りつづけた。駅がないのである。どうしてこんな人家の影も見えない森の中にレールを敷く気になったのだろうかと、いぶかしかった。

ギャップという乗り継ぎ駅に来た時には、そうか、人の住んでいる土地なのかと、やっとほっとした。ギャップからマノスク、エクサン・プロヴァンスと、マルセイユへ向けて近づくにつれて、やっと森林の姿に変化が見えだした。針葉樹を主とした背の高い樹々が減ってきて、背の低い落葉樹の林に変わっていく。山々は、ところどころ白い岩肌がむき出しになっている。その落葉樹林の間に、オリーブやぶどうなどを整然と植えた畑が現われた。その外囲りには、境界を示すのであろうか、ポプラが並んで植えられている。畑から畑をつなぐ道の両側には、プラタナスやぼだい樹の並木がつづいている。あすからはああいう道をてくてく歩いていくのだなと、車窓に額をこすりつけるようにして眺め入った。それにしても、この陽ざしはどうだ。うすら寒い小雨のそぼ降るパリとは、大変なちがいである。

都に雨の降るごとく
わが心にも雨ぞ降る

などとは、パリ在住の詩人でもなければ思いつかない文句だろう。それにしても、あの真夏でもうすら寒いパリの街を歩くより、かんかん照りの白い道をリュックを背にしてよたよたと歩くほうがずっといいと思ったりした。

列車の中で眺めていたとおり、プロヴァンスの田舎道《いなかみち》は陽ざしが強烈である。中日ドラゴンズの野球帽を目深に被って歩きだしたが、豊かにふりそそぐ陽ざしには中日ドラゴンズも負けである。とても防ぎきれるものではないと、雑貨屋に飛び込んで、お百姓さんが被るようなつばの広い麦わら帽を買った。これで捕虫網でもかついだら、少年時代にもどったようだなと思った。しかしそう思えたのは歩きはじめたときだけで、少しくらい曇ってみせたらどうなのだと、うらめしげに、割れて光をぶちまけたような夏空を何度も仰いだ。歩いて行く道の両脇には並木がつづいているのだが、とぎれがちで背も低く、とても涼しい緑蔭をつくるというぐあいにはいかない。

それでも日本のむし暑さとはちがって、木蔭に入れば涼しい風が吹きわたる。道端には、白い花や黄色い花が咲きあふれている。ところどころに低い丘があって、白い岩石のくぼみにさぼてんが生えていたりする。プロヴァンスは温暖な南ヨーロッパというより、海を一つまたげばアフリカなのだと考えたほうがよいと実感させられた。いくら日暮れが遅いとはいえ、いつまでも歩いているわけにもいかないので、先に麦わら帽を買った雑貨屋で教えてもらったホテルをさがすことにした。

「この辺にホテルなどといった気の利いたものはないが、この道をずっと行った先に、『やどり木ホテル』というのが一軒だけある」と教えてくれた。ところが、店のおばさんが言ったようには、簡単にホテルは現われなかった。もしかしたら、私が歩いて旅しているなどとは気づかず、車ですぐ行けるところということで教えてくれたのかもしれない。

「この辺にホテルがあるはずなんですが。『やどり木ホテル』というのをさがしています」と二、三人の通りすがりの人に尋ねてみた。みんなフランス人だから、誰も知らないとは言わない。

「ああ、それはこの向こうの小さな集落を越えたところです」とか、

「丘の向こうで見えないが、もうしばらく歩いて行ったところです」と言って確信ありげに指さしたりした。中には、

「えっ、来すぎてるよ。もうしばらく戻らなくっちゃ」と言う人もいた。うろうろしていると、帰省中の大学生とおぼしい若者が、

「何かお困りのようすですが、お手伝いしましょうか」と声をかけてくれた。日本ではス

マホとか呼んでいるものを取り出して、「やどり木ホテル」を検索しはじめた。

「あることにはあるようですが、この道ではないようです」と、同情口調になった。そこへ、若い女が自転車で通りかかって、学生から事情を聞くと、

「それなら、あのガソリンスタンドまで戻って教えてもらえば？　道の専門家だから」ともっともなことを言った。

そのガソリンスタンドの脇に背の高いポプラが一本そびえていて、幹に横木が打ちつけてあり、「レジデンスやどり木」と白いペンキで書いてある。もっとふつうの書き方をしてくれていたら迷わなかったのにと、目の前を行きつ戻りつしても気づかなかった自分のうかつさを恥じた。本道を外れて、横木の標識がさし示す方向へ農道をしばらく歩いていった。

車の走るコンクリートの道より気持ちはよかったが、しばらく行くと、困った連中に道をさえぎられてしまった。五十頭以上はいるだろうと思われる羊の群れである。歩いている自分より、この連中が優先である。群れの後ろから、犬を二頭連れた羊飼いがくわえたばこでついてくる。

「すまないな。そこの羊小屋に追い込むところだ。どうだい、急ぐのでなかったら、コー

ヒーでも飲んでいかないか」と気さくにさそってくれた。日本では「粗茶ですが」だが、フランスでは一様に「コーヒーでも」となる。道端に赤い屋根の石造りの小さな家があった。羊飼いの男の小屋らしい。その奥に、棟つづきの羊小屋がある。羊飼いの住まいよりも大きい。はじめて見る光景が珍しくて、男が犬を使ってすばやく羊の群れを小屋に追い込むようすを眺めていた。男は、白いひげや頭髪から見て中年はとうに過ぎているようだったが、背すじをしゃんと伸ばし、大股の足どりで動き回り、老人と言っては失礼なような立ち居振る舞いだった。

家の前にぼだい樹の大木が一本立っていて、その木蔭に木のテーブルと椅子を出し、男は熱いコーヒーをふるまってくれた。彼は「どこから来たか」とか、「どこへ行くのか」とか、「何をしに来たのか」とかいった旅行者に向けてよく発せられる質問はしなかった。質問はもっぱら私からの『マルセルの夏』についてのものになった。つたないフランス語で。

「この道をマルセル・パニョルが通ったという話を聞いていませんか」

「何者だい、そのマルセルとやらは」

「小説家です。映画も作りました」

「小説家ね。知らないな。ああいう連中は、それが仕事だから何でも書くからな」

「その『マルセルの夏』はイヴ・ロベールという監督が映画にもしているのですが」

「プロヴァンスじゃ、カメラをどこに向けても映画になるからな」と、まるきり取りつくしまもない。だが、ぽつりぽつりと発するこちらの質問には、わりとていねいに応じてくれた。

「羊は何頭いるのですか」

「今年は六十二頭預かっている」

「あなたの羊ではないのですか」

「おれのものだったら一財産だがね」

「羊飼いは長いのですか」

「はたちすぎからだから、ずいぶんになるな。それくらいやっていれば、もう自分の牧場を持っていてもいいころあいだが、羊の病気やら、税金やらと何かとうるさいから、おれはこのほうが性に合ってるってわけだ」と、羊飼いはくったくのない笑顔を見せた。笑うとますます若く見えた。羊小屋の二階なら泊まっていってもいいよとすすめてくれたが、「やどり木ホテル」に泊まるつもりだからと、辞退した。

「あすかあさって、帰りに寄らせてもらいます。その時はよろしく」と言うと、「うまい具合に羊たちやおれが居合わせたらね」と、追いたてるというのでもなく、立ち上がり、
「この道を、ずっと向こうの丘の峠《とうげ》まで歩いていくと、看板が出てるよ。そうさな、あと五、六キロってとこかな」と言って、道の先を指さした。立ち上がる時、自分で自分に掛け声をかけたり、遠くを眺める時、目《ま》びさしをしたりもしなかった。

深めの巨大なスープ皿のような窪地だった。四方をぐるりと低い丘がとり囲み、皿の中央あたりに小さな湖がきらめいていた。その湖畔に森があって、そこから古びた石の教会の尖塔が伸びている。そうか、あの教会のまわりに集落があって、そのうちの一軒が「レジデンスやどり木」と名のってホテルを営んでいるのだなと見当をつけた。

歩いてきた農道は、スープ皿の一角を掻き削ったように、丘の上に小さな峠を作っていた。横木の標識が立ててあって、「やどり木」の方向を指している。さきほどの羊飼いが言っていた看板とはこれだなと見定めて、少し歩を速めた。丘を下りはじめて、教会前の小さな広場に出るまでも、けっこう歩いた。広場には石のベンチというのか、ただの石材

というのか、細長い石がころがっていて、学齢前とおぼしい女の子が二人、あやとりのような遊びをしていた。フランスにも似た遊びがあるのかと感心した。広場の周りを、赤い屋根の農家が十軒ほどぐるりと取り囲んでいて、そのうちの一軒が「レジデンスやどり木」という小さな看板を掲げていた。青い星のマークなどという、しゃれたものはない。星なしホテルである。こういうホテルにとび込んでいって断られたことはないが、営業しているかどうかが気がかりだった。

ドアを押して大声で「こんにちは」というと「聞こえてるってば」と、みどり色のエプロンを掛けた白髪の老婆がカウンターのうしろから顔をつき出した。いきなり姿を現わした東洋人を、彼女は生まれてはじめて見る生きもののように目を丸くして眺めた。

「いえね、うちじゃ家畜商人が泊まりにくることはあるが、おまえさんのような外国人は初めてで、びっくりしちまったさ。わるかったわね」

「こちらこそ、いきなり大声をあげて、おどろかせてごめんなさい。今夜泊めてくれますか」

「うちはそれが商売だから、もちろんかまわないよ。ところで、あんたも羊の買い付けに来たのかね。そうは見えないが」

「羊は買いません。マルセル・パニョルという人の小説の舞台になっているのは、この辺りじゃないかなと思って寄ってみたのです」

「前にもそういうことを言う学校の先生が来なすったことがあるが、私たち村人は、そのマルセル何とかいうもの書きのことは誰も聞いたことがないね。あいにくだけど」と、さほど気の毒がっているようすも見せずに言うのだった。

こんな話なんですと、私は『マルセルの夏』のあらすじをごくかいつまんで語った。おそらくマルセル・パニョル本人の少年時代の回想だろうと思う。マルセルの父親は、田舎の小学校の先生をしていた。二、三の小さな学校を転勤しているうちに、マルセイユ市内の有名な小学校の先生に抜擢された。田舎の小学校のように全校で一クラスというのではなく、一人で一学年を担任した。校長になれたというわけではないが、マルセルの父親は大喜びで仕事に精魂を傾けた。彼には、マルセルとその弟のポールという二人の息子がいた。マルセルは優等生で、父の教えるマルセイユの有名校でも、二番の成績をとった。もちろん父親には自慢の愛息だったが、マルセルのほうもまるで神様のように父をあがめていた。

この父親が、来年はリセの入試だから、今年の夏は最後のチャンスになると、マルセイ

家並のはるかかなたにつづくプロヴァンスの山々。「マルセルの夏」はその山のふもとでくりひろげられる。

ユの北の田舎にある手頃な別荘を息子二人のために借りた。マルセルの一家四人と、伯父夫婦もともに、農家の野菜売りの荷車に日用品を載せてもらって、その村まで歩き旅に出る。

彼らの歩いたその道を私も歩いてみようとしたのだが、なにせ電車というものがおそろしい怪獣のように見えた二十世紀初頭のプロヴァンスが、今も同じ姿で立ち現われるものではない。半日も歩かないうちに、もう道に迷ってしまった。あげくの果てにたどり着いたのが、「やどり木」という商人宿である。フロントの老女は、外国人ではあるし、商売で来たわけでもなさそうな旅人を珍しがって、

ささと二階の部屋に案内してくれた。案内しながら、

「そのマルセルとかいう男の子が何かしたのかい」

「何かしたというのではありません。土地の同じ齢かっこうのリリという少年と仲よしになり、一夏、この辺りの野や丘を駆けまわったという、楽しい思い出話なのです」

その思い出話の中でも、とりわけマルセルにとって忘れ難《がた》いのは、父がパルタヴェルという山うずらの仲間の鳥を一度に二羽撃ち落としたことである。土地ではパルタヴェルは「獲物の王」と言われているのだけれど、それを一発で二羽も撃ち落としたのだ。マルセルの目からすれば、まさしく神技であった。

原作のある小説を映画化する場合、映画が原作通りでなければならないことはまったくない。小説は小説であり、映画は映画なのである。むしろ、原作とはストーリーを変えてしまう手法によって、原作者が言わなかった思いを述べるということは、ごく普通にある。『マルセルの夏』のイヴ・ロベール監督も、原作にない一つのシーンを挿入することによって、マルセルが抱く神様のような父親像をどんでん返ししてみせるのである。

マルセルの父親の学校の教師仲間の一人が、大きな川魚を釣り上げた。その喜びの場面をクローズアップした写真を、彼が同僚に見せて語るというほんの短いカットが入る。写

真が一同の間を一回りしたところで、マルセルは父に伴われて家路につく。その二人のうしろ姿をカメラは追いながら、父親の声を入れる。
「自慢話を吹聴するというのは、人間の本性のうちでも最も下劣な行ないなのだよ」と。いかにも学校の先生らしい言い草である。私自身が三十八年間もその職にあったからこそ、言うのだが。

ところがである。パルタヴェルを二羽ぶらさげて、マルセルの父は夕食の準備の始まっている自分の貸別荘には向かわない。村の教会前の広場で村人たちに取り囲まれながら、得意満面パルタヴェルをいかにして撃ち落したかを大げさな身ぶりをまじえて語る。あまつさえ、写真屋を呼び、息子と肩を並べてカメラに収まりさえするのである。このエピソードがなかったなら、映画はただの「少年の日の夏の思い出」という甘酸っぱい作品にしかならなかっただろう。かと言って「偉そうなことを言っていても、しょせん学校の先生だろうと、父親だろうと、いいかげんなものさ」という下品な皮肉にも堕していない。イヴ・ロベール監督のその微妙なさじ加減に、うならされるところである。この映画で私の一番好きな場面だ。さすが幾多の名作を残した名匠というところか。

男の敵は男である。父親も男の一人である。息子にとって、神様などではあり得ない。女も強いにこしたことはないが、男は強くなければ生きていけない場合もある。ライオンや熊など、強力な哺乳動物の雄たちは、雌を手に入れるために、邪魔になる仔を殺してしまうことさえあるとはよく聞く話である。雄にとって、こと雌にかかわっては仔は敵なのである。動物と人間とは、もちろん異なる。母親の歓心を買うために、子をあやめる父親はいないだろう。だが、マルセルがいくら神様のようにあがめ奉っていようと、いつかは何かの拍子にその父親を敵の一人だと思う日がくるのではないか。

私の父は、母よりも十数年も早くに亡くなった。その父の何回忌かの会食の席で、母がもらした父の思い出話がある。

「父さんが言うにはね、娘はともかく三人の息子たちはみんな、母さんとはよく話をしているが、おれにはさっぱり話しかけてこない」と、べつに息子たちを責めるというふうでもなく語ったことがあるという。身におぼえのないこととは言い切れないので、ぎくりとした。

「気付いていたかい」と母は言葉を継いだが、それ以上は何も言わなかった。マルセルの父親は、その妻に向かってこんなことは言わないだろうと思うが、少年期を過ぎてもマルセルは父親を神様みたいに拝み奉っているだろうかとも考えてしまう。

「やどり木」という名の宿屋には、結局二泊した。仔羊のステーキを、大皿にどっかりと盛り付けて出してくるのには閉口した。量ももちろんだが、窓のすぐ向こうに牧草地が広がっていて、羊が草を喰《は》んでいるのを眺めながらのステーキにはいささかためらいもあった。ぴょんぴょん跳びはねる、その首根っこをとらえて持って来たわけでもなかろうが。

「フランスでは、成人した息子とその父親は仲よくやっているものなのか」と尋ねると、老女は、わかりきったことを訊くというような顔をして、

「人それぞれだよ。うちじゃ、夫と長男はあまり口をきかないが、憎み合っているわけではない」と答えた。私には、亡くなった父親とのささいな行きちがいや、楽しかった思い出などを語るだけのフランス語の能力はないので、

「人それぞれですよね」と相槌を打っておいた。

大きなスープ皿のような窪地のふちを登りながら、こんなところに来て、ふいに亡くなった父のことを思い出すことになるなんてと思った。車の走る道へもどろうとして、一昨

日出会った羊飼いの小屋の前を通りかかった。ようすをしばらくうかがっていたが、羊の声はまるきりしなかった。羊小屋の二階のわらの中にくるまって一晩すごすのも悪くないとは思ったが、留守の家の中をいつまでも覗きこんでいるのも妙な話だから、急ぐでもない先をめざして歩きつづけることにした。

あの羊飼いにも、息子はいるのだろうか。いるのなら、秋風の立ちはじめた夜などふいにここへやって来て、薪《まき》の火にあたりながら話しこんでいくこともあるのだろうか。そんなことを思いながら、背の高い樹の蔭におおわれた羊小屋を後にした。父が他界したのは、羊飼いの今の齢より少し上だっただろうと、指を折って数えてみたりして。

この映画には『プロヴァンス物語／マルセルのお城』という続編がある。マルセルの初恋らしいものも描かれるが、父が一人の男として彼の敵に回ったようすはない。またイヴ・ロベール監督には、『わんぱく戦争』、『わんぱく旋風』という諸作があって有名である。

◎プロヴァンスへの行き方

パリのリヨン駅からTGVでマルセイユまで三時間半足らず。プロヴァンスは広いが、マルセイユから北方のエクサン・プロヴァンスなどへ行く列車の沿線がすばらしい。映画はこのあたりの低い山々を背景にしている。

第七章
ランボーが帰っていく村
『太陽と月に背いて』

『太陽と月に背いて』
1995年、イギリス、フランス、ベルギー
監督：アニエスカ・ホランド
配役：レオナルド・ディカプリオ（ランボー）
　　　デヴィッド・シューリス（ヴェルレーヌ）
　　　ドミニク・ブラン（イザベル・ランボー）
112分、カラー作品

ルクセンブルグやベルギー、フランスなどを東西にまたぐアルデンヌ高原の西の外れに位置するシャルルビル・メジエールへは、パリの東駅からTGVで直行すれば一時間半ばかりで着く。新幹線の感覚で言えば、東京からほぼ名古屋に近い。普通に観光客が利用するとすれば、この路線であろう。

私はたまたまドイツとの国境の街ストラスブールにいたこともあって、パリまで戻らずに、いくつかの支線を乗り継いでシャルルビル・メジエールに入ってみようと考えた。まずストラスブールからメッツに出て、ここからパリ発の列車も走っているルクセンブルグ行きに乗り換える。せっかくルクセンブルグに来たのだからと、ここで一泊。翌朝はルクセンブルグ領内の普通列車でアルロンまで。この小さな田舎町《いなかまち》に一泊したのち、ベルギーのナミュールという町へ向かった。あとは、南下して山岳地帯の国境を越え、フランス領シャルルビル・メジエールに入ろうという計算である。書いてしまえばそれだけのことであり、文章にしたがって地図でたどってもらえば、さほど長い列車の旅でもないように見えるだろう。

だが、ストラスブールを出る時から予想していたこととはいえ、いわゆる本線ではなく、国境の山の中をごとごと走るローカル線は、予定通りに運行されているものではなかった。朝夕の通勤・通学時はいざ知らず、観光客がのんびり車窓の美しい山里の風景を楽しんでいこうとするような昼間の時間帯には、普通列車の本数はめっきり少なくなり、しかも時刻表などあってなきがごとき運行ぶりである。その上、時刻表の注記には「金曜日のみ運行」という列車が目立つ。私の選んだ路線は、日本で言う過疎路線で、昼間は近くの町のスーパーへ買い物に出かける主婦や、病院通いのお年寄り専用の列車ということらしい。その上わざわざ接続待ちを伸ばしてやろうと企んだのではないかと思いたくなるほど、むやみに乗り換えを強要する。国境地帯とはこんなものかとあきらめながらも、二泊三日かかって、ローカル線の旅をつづけた。こう書いたが、決して後悔したり、方針を変更しようと迷ったりしたわけではない。不便や待ち時間も旅のうちと割り切れば、こんなに楽しい列車の旅はないと、ひそかにほくそ笑んでいた。

乗り合わせた老人たちが、ほとんど言葉の通じそうもない私に向かって、あれこれ質問を投げかけてくる。

「どこまで行くんだ。シャルルビル・メジエールだって？　乗る列車をまちがえてるよ。メッツからランスを通って行く列車に乗らなきゃ。ほら、まだ間に合うよ。向かいのホームのあの列車。パリ行きの」

「シャルルビル・メジエールなんぞへ何しに行くの？　アルチュール・ランボーの家を見に行くんだって。誰かその、アルチュール何とかいう奴の家を知ってるのはいないかい」

「日本から来たんだって？　インドや中国とどちらが遠いんだい。ずいぶんと遠いところだと、聞いたことはあるけど」

などと言う人々を相手にしたり、過ぎ去る車窓の風景を楽しんだりしていると、決してたいくつで時間をもてあますというようなことはなかった。

その車窓の風景も、日本で見かけるのと違って、もの珍しく楽しかったが、こういう列車は、無人駅であろうと、駅員が一人ぽつんと立っているだけの駅であろうと、決してすっ飛ばしていくということはしない。律儀に一つ一つ停まっていく。運転手が出てきては、老人が荷物を降ろすのを手伝ったりする。誰も「早く出発しろ」などとはわめかない。駅のホームは、各駅まちまちのしつらえである。駅員の趣味で、自分の家の庭のようにして仕立てあげているのだろう。たいていは、季節の美しい花々をホームにあふれかえらんばかり咲き乱れさせているのだが、中には花は一切やめて、京都あたりの古刹《こさつ》の庭園のように、白い砂利の中に大小さまざまの岩を並べている駅もある。花に水をやる手間を省いているのではなく、駅員がしゃがみこんで、岩と岩の間に生え出した雑草をたんねんに抜き取っていたりする。小さい遊園地をまねたように、すべり台や鉄棒やぶらんこを設けている駅もある。列車が入って来てもぶらんこを降りようとしない小さな子どもを、駅員が抱き上げて列車に送りこんでいる。

そのような駅をいくつか眺めているうちに、「おや」と思うものをプラタナスの枝にぶらさげている駅に出くわした。鳥籠である。飼うつもりなら、からすでも入れておけそうなほどの少々大きめの籠である。鳥好きの駅員がいるのだろうということでは、済まされなかった。鳥籠の中には、からすもカナリアもいない。そのかわりに、人形が一体坐らせてある。小さな女の子の人形である。どういうつもりだろう。何かあるのだろうかと興味しんしんだったが、こういう駅で、「どうしたのですか」などと尋ねるために途中下車したりするものではない。そんなことをすれば「金曜日のみ運行」という列車が来るまで待たされかねないのだから。心残りはするものの、人形の坐っている鳥籠をホームにぶらさげさせたまま、先へ行くしかなかった。

ストラスブールを発って三日目の昼すぎ、シャルルビル・メジエール駅に着いた。いつかは来なければと思っていた町。アルチュール・ランボーの生まれ故郷である。パリから一時間半、ＴＧＶのふかふかの座席で居眠りをしていて、気がついたらシャルルビル・メジエールだったなどという無様なまねはしたくないと思っていた。だから、ルクセンブルグでの一夜も、列車の中での老人たちとのやりとりも、プラットホームのプラタナスの枝にぶら下げられていた鳥のいない鳥籠も、ランボーの故郷を訪ねるために予めしくまれたこしらえのように感じられて、うれしかった。

シャルルビル・メジエール駅の駅前広場には、詩人としてその名を世界にとどろかせた少年時代のランボーではなく、商人としてアフリカへ旅立っていった晩年のランボーの像が建てられている。彼は十六歳にして、ポール・ヴェルレーヌに示すべく八篇の詩稿を携え、この駅からパリへ向かって旅立ったのだ。その詩が世界の文学史に輝かしく名をとどめることになると、ランボーは自覚していたかどうか。しかし、ヴェルレーヌにはその真価を一読にして見抜く力があった。天才を知ることのできるのは、天才だけだった。

シャルルビル・メジエール駅前のランボーの彫像。若いころの姿ではない。

こんなことを書いた後に、以下のようなことを書きつらねるのは、はなはだもっておこがましいが、話の順序として書いておこうと思う。私がランボーの詩集を初めて手にしたのは、十六歳だった。偶然の一致を、まるで神の啓示のように身をふるわせて受けとめた。読むほうは、もちろんランボーのようにはいかなかった。ただ、日本語訳の文字を追いかけるだけで精一杯だった。それでも、この若い天才の詩が、これから書いていこうとする自分の詩に大きな影を落としていくだろうという予感だけはした。ランボーの作品の一行をそっくりまねたような詩を、幾篇も書きつらねた。大学ノート一冊を埋め尽くすほどの分量になったころには、私はすでに二十代の終わりにさしかかっていた。いつまでも一人よがりで書いているのではなく、誰かに見てもらおう。だめだと言われても詩は生涯つづけていくつもりでいたが、もし一つでも二つでも「これはいいね」と言ってもらえたら、どんなに励みになることだろうと思った。どなたの許《もと》へ送ろうかと思案したあげく、丸山薫先生に思い至った。お住まいが隣県の豊橋市というだけのことで、もしお会いすることが許されるならお伺いするのに便利だと考えてのことである。丸山先生にはいい御迷惑であったろう。

これからも詩をつづけなさい。私は公私にわたって余裕がないので、あなたの期待されるような「師匠」などにはとうていなれませんが、お住まいの三重県にはすぐれた書き手が大勢おられるし、サークル活動も活発ですから、そういうところで、一から磨き直されては如何《いかが》。

と、若い書き手をがっかりさせないような配慮のゆきとどいた返事をいただいた。

その話を、私は自分の教えている高校の文芸部の集まりで語った。若い子の情熱というものがわからなくはなかったが、まさかとあっけにとられるような行動に走った生徒が一人いた。ぼくもちょうど十六歳だという、それだけの理由で、豊橋の丸山薫先生のお宅へ押しかけていったのである。もちろん、近作の幾篇かの詩稿を携えて。あいた口が塞がらなかったのは、丸山先生には何の承諾もいただかないまま突然豊橋まで行って発した、その時の彼の切り口上である。先方に着くまでに暗誦するほどくり返し練習していったのであろう。

「ぼくを弟子にして下さい。住み込みで、おうちの雑用や先生の身の回りのお世話を全部やります。昔の書生というものでしょうか。こき使って下さい。そしてお暇な時に、詩を見て下さい。この通りです」と、丸山先生のお宅の玄関先に土下座したという。温顔の先生が、どんなに困惑されたことか。

「まあ顔を上げなさい。君はどこの学校の生徒さんなの。君の先生は何とおっしゃるの」と問われて、彼は私の名を出した。

「ああそうなの。いい先生を持っていますね。私などに頼まなくても、あの先生について一所懸命に勉強なさい。大丈夫です」と、実にあざやかな返答であった。後日、その生徒は、

「先生は意外と有名なんですね。丸山薫さんのような大詩人でも先生のこと、ご存知でしたよ」と、あっけらかんと言ってのけた。

その生徒は大学を卒業すると、東京から戻って来なかった。児童書専門の出版社に職を

得て、『少年少女世界文学全集』といったシリーズの編集などの仕事を一生のなりわいとするようになった。

思うに、彼は他の多くの生徒たちと同様、鈴鹿山脈を一つ越せば滋賀県という山深い生れ故郷を出たくてたまらなかったのだろう。東京へ出て、しんけんに勉強をつづけていけば、そのうちにひとかどの物書きとなって認められる日が来るはずだという、若者らしい夢を抱いたのだろうと思う。

ランボーもそうだなどと言うのではない。けれど彼も、山脈の向こうはベルギー領である山深いシャルルビル・メジエールを抜け出して、ともかくパリへ飛び立ちたかったのではないか。携えていった八篇の詩がヴェルレーヌを驚嘆させることは、おそらくわかっていただろう。やみくもに列車にとび乗ったのではあるまい。

パリでのヴェルレーヌとの暮らしは、映画『太陽と月に背いて』の中で、若き日のレオナルド・ディカプリオが、みごとに演じている。晩年のアフリカにおけるランボーは、若いディカプリオには少々無理があったにしても、フランス人の俳優にも、このような演技のできる人はいるだろうが、若いアメリカ人のディカプリオが演じて見せたことに、アメリカ映画の層の厚さを今さらながら思い知らされた。

ランボーとヴェルレーヌはパリの生活からのがれて、ベルギーやイギリスを放浪しつづける。ランボーは十六歳でシャルルビルを出て、パリやヨーロッパ各地をヴェルレーヌとともにずっと放浪しつづけていたわけではない。当然予想されるように、二人の間には確執が生じてくる。生活力のない少年ランボーは、母や妹たちが待つ故郷へ舞い戻ってくることもあった。映画では、何の前触れもなしに帰郷するランボーを迎えるに、農家の台所での一家の食事風景を以《も》ってする。画面の向こうから、パンやシチューの匂いがただよってくるようなシーンである。この場面での母親の表情が実にいい。あたたかい母性愛などというありふれた言葉では表現しきれない、心の底からにじみ出てくるような安らぎを表現してみせる。監督のねらいを十分に承知した上での演技である。

　しばらくランボーは農家の仕事を手伝おうとするが、パリへの思慕や放浪へのあこがれは断ち切ることができない。ランボーの中ではこの時すでに、パリではなく、もっと遠いヨーロッパの先、海の向こうにひろがるアフリカへの憧憬が頭をもたげはじめていたのかもしれない。

　シャルルビルのランボーの生家を見たり、川の上にまたがって建つ水車小屋を改修したというランボー記念館を見学した後、生家に程近いホテルに一夜の宿を求めた。玄関ホール右手奥のサロンがいかにも居心地よさそうに思えたので選んだホテルである。

サロンの壁に、若き日の、つまりは詩人時代の黒いマントをはおったランボーの肖像画が掛けてある。シャルルビルのホテルなら、ありそうな装飾だと思った。その絵の下のソファーに、二人の若者が掛けていた。「おじゃまします」と挨拶すると、「どうぞ」と二人して声を合わせるように挨拶を返してくれた。感じのいい若者たちだと思った。

コーヒーを運んできてもらって、ほっとしながら、とりたててじろじろ眺めていたわけではないが、この二人が普通の仲のよい旅をする若者二人組とは少々ちがうように感じられた。手を取り合ったり、もたれかかったり、腰のあたりに手を回したりする、パリあたりで時おり見かける二人組のような親しさとは少しちがう、ひかえ目だが互いのことをいとしいと慕い合う眼ざしがちらちらと見てとれるのであった。ランボーとヴェルレーヌのことを考えつづけてきた余韻が尾を引いて、親しげな若者二人をそのような深読みで見てしまうのかと、自分で自分を戒めようとしたが、このサロンの雰囲気には少しも不徳の色あいはなく、なごやかに真夏の夜は更けていくばかりだった。

「失礼します」、「いい夜をおすごし下さい」とそれぞれ挨拶を残して二人はサロンを出ていった。扉を引く時、二人の影が重なり合って、手をつないだのかとふと思った。

気がつかなかったが、サロンには鳥籠がつるされていて、おうむが一羽眼をぱちぱちさせていた。私一人になっておうむは少しは気が大きくなったのか、

「私はあなたを愛しています」と言った。日本語に訳せば、男の言葉か女のそれか判別できないし、おうむの発音ともなれば、男の口まねなのか、女の口まねなのかも聞きわけられない。誰がおうむにこの言葉を教えたものか判らないが、私はあえて、私がここに入ってくる前に、あの二人の若者がくり返した愛の告白を、耳聡《みみざと》いこのおうむが聞きとって憶えこんだものではなかろうかと思った。そうすると、おうむの言葉は、

「おれはおまえを愛しているよ」ということになろうか。それがいいと、一人で勝手に納得していた。

鳥籠の扉は、おおむね外から引いて開けるように作られている。ロックは必ず、外から掛けられる。よほど口ばし使いの器用な鳥でない限り、自らすすんで中に入ることはできない。人の手で押し込められた中の鳥は、ロックが外れている場合以外は、胸で押して外に出ることもできない。鳥籠の鳥には中へ入る自由も許されていないし、入ったが最後自力で外へ出ることもできないのである。

私はランボーを、籠の鳥と重ね合わせて考えていた。夕食のテーブルを囲む母親を中心とした一家の集いの中へ入っていく自由は、ランボーには許されていない。たまたま立ち寄ったまでのことである。だから「母さん、久しぶり。みんな元気か」などと一人前の口を利くこともできない。その団らんの輪から脱け出して、パリやヨーロッパ各地やアフリカの空へまではばたいていけたのは、たまたま家の扉が開いていたからだろう。小鳥にもランボーにも、自由に大空を翔けめぐる自由はない。鳥籠とは、そういうものだ。そこまで考えてくると、「では、おまえさんはどうなんだい」と自問せざるを得なくなる。家庭という小さな鳥籠、日本という大きな鳥籠。どれも、偶然以外に入ることも出ることも許されていない。

シャルルビル・メジエールに来る途中の駅のプラットホームに見かけた鳥籠の鳥は、どのようにして外へ出たのだろう。偶然が押すままに飛び立った大空が、彼の自由な世界だったのか。その自由は、からすやとびなどという性悪な連中に追い立てられるまでの束の間のものだったかもしれない。あるいは、これがどうやら真相に近いような気がするが、「死」が彼を鳥籠から放逐したのではなかろうか。

鳥籠の中に坐らされていた人形は、死んでしまった小鳥を愛していた少女が、死んだものへの小さな贈り物として、彼女の最も好きだった人形をあえて選んだものかもしれない。駅員である父親は、少女が毎日遊びに来ているプラットホームのプラタナスの枝に、わざわざつるしてやったのだろうか。

サロンのおうむがまた、「私はあなたを愛しています」とつぶやいた。部屋に退《さが》った二人の若者たちもまた「おれはおまえを愛しているよ」とささやきかわしているのではないかと想像してみた。すると、ふいにランボーとヴェルレーヌのまぼろしが立ち現われて、同じことをささやいているように聞こえた。映画で、二人が愛し合うシーンをくり返し見たせいかもしれない。

シャルルビルのランボーの生家から、一、二キロメートルほど歩いて行ったところに、町の共同墓地がある。よく手入れされた、公園のように美しい墓地である。鉄の門扉をくぐってさがすまでもなく、入口近くの目に立つ場所に、アルチュール・ランボーの墓標が立っている。背の高い真白な大理石の柱である。そこには、「彼のために祈って下さい」と刻まれている。言われなくとも、私は深く頭《こうべ》を垂れて、仏教徒風の祈りをささげた。十六歳の夏休み前から今日まで、本当に長いつき合いだった。ほとんどは判らずじまいで、日本語訳の詩を行きつ戻りつ読みつづけてきたが、彼が言いたかったことの何分の一かでも、正しく受け取ったのだろうか。

「天才のあなたのおっしゃることがまともに判るわけがありません」と、私。

「君はまだ詩をやってるのかい。ごくろうさんなことだ」と、彼が返す。日本式に言えば、花も線香も持たずにのこのこやって来た私は、ひたすらひざまずいて、うなだれているしかなかった。

「どうかこの先、一つでも二つでも『これはいい』と自分なりに納得できるような詩をこの私に書かせて下さい」と声には出さず祈りつづけた。

背後をゆっくりした足音と、ひそやかな話し声が通り過ぎたので、もしや昨夕のホテルの二人の若者かもしれないと振り返ったが、見知らぬ人たちだった。もう日本へ帰ろうかなと思った。例年になく暑い夏の炎天下を歩きつづけてきたので、疲れ切ってしまっていたし、右脚のくるぶしのあたりが妙に痛みはじめていた。昨夜から。

アフリカに渡ったランボーは商人として何年か過ごしたが、かの地の暑熱が彼の体をむしばんだのか、膝に腫瘍ができてしまい、歩行さえままならない状態に立ち至った。医療施設も十分でない土地で、べんべんとしている場合ではないと、彼はフランスに戻ることを決断した。中年の商人となって砂漠の太陽の光がぎらぎら照り返す中を担送されるランボーを、ディカプリオが懸命に演じているが、年齢的には無理がある。その無理を押して中年のランボーになりきろうとするディカプリオが、かえって病気と戦おうとするランボーの悲愴な姿と重なって、それはまたそれなりに見せ場を作っている。

結局、ランボーはマルセイユの病院で右脚を切断される。歩行の自由を奪われてしまったランボーには、もう帰って行く場所は、ふるさとの鳥籠しか残されていない。片翼をもがれた小鳥のように、松葉杖によりかかりながら歩み去る後ろ姿を、ディカプリオが深い哀傷をこめて演じてみせる。鳥籠が偶然に開いていることを、観ている私は念じるしかなかった。

◎シャルルビル・メジエールへの行き方

パリの東駅からTGVに乗れば、一時間ほどで終着シャルルビル・メジエールへ着く。徒歩十分ほどでランボーの家や記念館へ行ける。さらに十〜十五分歩くとランボーの眠る墓地に出る。

第八章
フラヴィニー村の母と娘
『ショコラ』

『ショコラ』
2000年、アメリカ
監督：ラッセ・ハルストレム
原作：ジョアン・ハリス
配役：ジュリエット・ビノシュ（ヴィアンヌ）
ジョニー・デップ（ルー）
ジュディ・デンチ（アルマンド）
121分、カラー作品

フォントネー修道院へは何度も行った。パリから、ディジョン方面へ向かう急行で三時間ばかり南下したところに、モンバールという美しい地方都市がある。モンバール駅前には運河が流れていて、両岸には季節の花々を植え込んだ遊歩道がつづいている。その遊歩道から少し外れて、深い森におおわれた中に、フォントネー修道院はある。駅から一時間半ばかり歩いたあたりだろうか。

ある時、植え込みの花の美しさに見とれて、駅前をうろうろしていたことがあった。フォントネー修道院へは歩いても行けるが、この広場からヴェズレーへ行くバスが出ているのを見つけた。一日に二本しか出ていないが、うまいぐあいに、半時間ばかり待てば発車するバスがある。今日はフォントネーでなく、ヴェズレーへ行ってみようかと、駅を出て左手奥の観光案内所で切符を買うことにした。

カウンターには、三人の女の子がいた。よくしゃべる気さくな細身の子が相手になってくれた。

「ヴェズレー行きのバスはやがて出ますが、向こうへ着いて引き返してくるバスは夜しかありません。ヴェズレーにホテルは予約してありますか」と言う。「していない。モンバールのホテルを予約したから」と言うと、「だったら、今日はフォントネーでも拝観されてはどうですか。ナヴェットが出ていますよ」と教えてくれた。ナヴェットとは聞きなれない単語なので、綴《つづ》りを教えてもらって辞書で調べてみた。日本ではシャトルバスと呼んでいるもののようだ。わかったと目で合図すると、さっと、時刻表を出してくれた。ナヴェットは一日数回ほど、モンバール近郊の村々を巡回しているようだ。私が徒歩で一時間半ばかりかけて訪れていたフォントネーは、モンバール駅の次の停留所で、何と十分足らずで着いてしまう。フォントネーを出ると、ナヴェットは次々と集落を巡って、最後にはまたモンバール駅に戻ってくる。その巡回コースのおしまいのほうに出ている停留所の名に、私の目は引きつけられた。

そこにはフラヴィニーとあった。フラヴィニーがこの辺りにあるということはガイドブックで知ってはいたが、今自分が立っているモンバール駅からこんなに易々と行けるとは、想像もしていなかった。『やかまし村』のシリーズで大好きなラッセ・ハルストレム監督の『ショコラ』が撮影された里山である。監督は、新作の舞台をどうするかということで、それこそフランス中の里山を歩きまわったらしい。ヴィスコンティ監督が『ベニスに死す』の美少年を演じる俳優を探してヨーロッパ中を尋ね歩いたように。フランスの田舎《いなか》なら、『ショコラ』の舞台として格好の村はいくらもありそうに思うが、なかなか監督のめがねにかなう場所は現われなかった。

だがあるとき、探すつもりでもなくたまたま通りかかったブルゴーニュの山間の僻村フラヴィニー・シュル・オズランのたたずまいが、監督の心を奪った。そしてこの映画は、二〇〇一年度のアカデミー賞三部門にノミネートされるなど、大評判をとった。日本でも、多くの人々が観た。そして、その人々の間で『ショコラ』に出てくる村はどこだろうという話題が広まった。やがて『地球の歩き方』のフランス篇に、それまで見かけもしなかったフラヴィニー村が、ある年の版から突然写真入りで取り上げられることになった。

しかし、この本の案内は決してまちがいではないのだが、「ディジョン駅前からタクシーで行く」といったあんばいの記事で、私のような貧乏旅人には初手からあきらめよと言っているようなものだった。ディジョンから急行で四十分ばかりパリ方面へ北上したモンバールの駅前からのタクシーならば少しは安いかもしれないと思案はしてみたものの、日ごろタクシーを使って観光するということに慣れていない身には高嶺の花であることに変わりはない。そんないじましい旅人に、降って湧いたようなナヴェットである。時刻表どおりの夕刻の便ではとうてい向こうでの観光は無理だと、はやる心をなだめて、その日はいつも泊めてもらっている駅前のホテルの部屋に入った。

一泊して、翌朝早々に件《くだん》の案内所の扉を再び押すと、受付では顔をおぼえていてくれた。「今日は何の御用ですか」と言う。私はフラヴィニー村の名前がすぐに出てこず、「フォントネーをゆっくり拝観して、ここへ戻ってくるナヴェットはありますか」と切り出した。

「お渡しした時刻表をごらんになれば判るように、フォントネーからすぐにここモンバールへ戻ってくる便はありません。巡回コースをぐるっと一まわりして、最後にここへ帰って来ます」と言って、コース上の村々の名前を読みあげた。そのおしまいあたりに、フラヴィニーが出てきた。その名前を言わせたくて、わざわざ確かめに入ったような感じである。

「それだ、それそれ」と膝を打つ思いがした。マジェランが喜望峰に達した時のように一条の光明がひらめいたなどと書くと、いかにも大げさだが、貧乏旅人には歴史上の大発見も、フラヴィニー巡回コース発見も、喜びという点ではさして変わりはなかった。

結局フォントネーは素通りして、ぐるりとブルゴーニュの里山を巡り、今夜はフラヴィニーに泊まろうということに決めた。

「ホテルを予約してほしい」と頼むと、

「あの村にはホテルはありません」とにべもない返答である。だが、民宿なら三軒あると言う。民宿であろうと、ユースホステルであろうと野宿でなければ結構だと言うと、さっそく電話を入れてくれた。しかし、二軒は満室だとのこと。

「そんなに観光客が多いのですか」

「民宿ですから、一家族でも予約を入れると満室になるのですよ。ところで三軒目はどうしますか」

「ぜひ電話してみてください」と言うと、一瞬たじろいだようすを見せた。

「あんなところに泊まるの？」という感じだった。電話は呼び出し音ばかりで、誰も出なかった。女の子は、隣席の中央のデスクにいた、少々肥り気味で眼鏡をかけた女性に話しかけた。受話器には、きっちりてのひらでふたをして。

「この人のフランス語で、よくも一人旅ができるわね」だと。私はすかさず、

「日本人は、お国のRという発音にはみんな手を焼いていますよ」と言った。

「ほら、聞いてるのよ」と肥り気味の女性が忠告した。一番奥のデスクでパソコンに向かっていた最も若そうな小柄の女の子は終始顔をあげなかったが、このときだけはちらりとこちらに視線を走らせて、くすりと笑った。少女期をまだ脱《ぬ》け出していない笑顔だった。

三軒目の民宿は予約が取れた。ただし、朝食だけついて百二十ユーロだという。田舎の民宿なら夕食・朝食こみで一泊七十ユーロくらいが相場だろうと、旅なれたふうな口を利くと、

「あなたが頼むから予約したのです」と、もっともな返答である。

百二十ユーロというと、パリあたりの二つ星なみではないか。もっとも、パリでは夕食はつかないが。この民宿は夕食なし、朝食のみで、パリの二つ星と張り合うつもりらしい。ともかく行ってみないとわからない。田舎の中世風の建物を改装した、豪農の兼業する宿かもしれないぞ。きっとそうだ。タクシー料金も浮いたことだし、たまにはそういうぜいたくもよかろうと、始発のナヴェットに乗った。定員二十人にも満たない小型バスが、すでにモンバール駅前のロータリーの片隅に停まっていたのだ。

中年を過ぎた感じの、小柄な女性が運転手だった。車掌はいない。あのか細い腕で坂道の急ハンドルが切れるのかと、失礼なことを考えた。料金は、一・五ユーロだという。はじめ、十の桁を省いて端数だけを言ったのかと思った。次の停留所のフォントネーで降りても、ぐるっと廻ってフラヴィニーまで乗っても同じ料金だと言う。どうしてもディジョン駅前からタクシーで行きたいという人はべつとして、こういうバスの便のあることを日本の出版社は調べるべきだと思った。帰国したら出版社に送ってあげるつもりで、もう一枚時刻表をもらっておいた。

概《おおむ》ね牧場や森林のつづく田園地帯を、バスは走りつづけた。広い二車線道路ばかりを走るのではなく、牧場の中の脇道に外れて、曲りくねった農道も走る。どこへ行くのかと見ていると、小さな教会が現われて、十軒かそこらの農家がかたまっている集落に入る。内規があるらしく、降りる人がいなくても、待っている人の姿が見えなくても、バスは律儀に停車してドアを開ける。そんなことを何度かくり返して、いよいよバスはフラヴィニー村へと近づいてゆく。緑におおわれた深い渓谷が切り立っていて、その縁《ふち》に沿ってバスは進む。対岸は、小高い丘になっている。その丘の頂《いただ》きあたりに、教会の尖塔がそびえてい

この教会の近くに母と娘はショコラの店を開くが、はじめは保守的な村人は寄りつきもしない。

る。『ショコラ』のオープニングシーンに出てくる教会だなと胸がはずんだ。

　コンクリートの舗装も石畳もない埃《ほこり》っぽい広場に、モンバールの駅前に立っていたのと同じ、バス停を示す標識があった。目立たないけれど。女性運転手は、その横にバスを停め、たった一人きりになった乗客に振り返って、「フラヴィニーに着きました」と告げた。

　村の入口へ登ってゆくと、まず二軒の民宿の広告が目を引いた。モンバールで満室だと断られた宿なのだろう。さがしても、私の予約した民宿の広告は出ていない。行き会った村人に教えてもらってやっと捜しあてた民宿には、フランスの田舎でよく見かける「ターブル・ドート」という看板も出ていない。ただの民家である。いいのかなといぶかりながら、開きにくい扉を押した。何度も大声をあげたが、誰も出てこない。「はなから人を泊めるそぶりも見せずに予約を受けるな」と、少々いらつきかけたところへ、腹のぽっこり突き出た気むずかしそうな老人が奥から現われた。

「私は日本の……」と言いかけると「わかっている」と片手で制して、二階へ向かって声をあげた。

「ニコラ、ニコラ」

すぐに、ニコラ少年が降りてきた。

「泊めるのはここではない。教会の裏手にある家の二階だ。わかりにくいから、ニコラに案内させる」と、傍の椅子にどっかと腰をすえたままで説明した。そりゃそうだろう。ここは百二十ユーロもする民宿という体《てい》をなしていないものなと合点しながら、Tシャツに短パン姿のニコラ少年の後に従った。

中学一年生くらいの、小柄な少年だ。神経質そうな顔つきだが、よくしゃべる子だった。日本のことをいろいろ聞きたがった。東日本大震災や、福島の原発事故のことなど。

「あれが『ショコラ』に出てくる教会です。入ってみますか」と言った。映画で見憶えのある教会のファサードが、生まれ故郷の村のお寺の山門のようで懐しかった。拝観は荷物を部屋におろしてからということにして、まず民宿へ案内してもらおうと言うと、ニコラは嬉しそうに、

「今、ママンは用に出ていて誰もいないけれど、ぼくがお部屋までお連れします」とのこと。年齢の割にはきちんとしたもの言いのできる子だなと感心した。

しかし、その後は感心しなかった。古民家を改装した中世風の豪農の住まいというのは、私の勝手な思いこみだった。さきほどの老人の家よりも、さらに一まわり小さい。看板もない。二階の窓のカーテンが外れかかっていて、だらんと垂れている。それを見た瞬間、私はキャンセルしようと肚《はら》をくくった。

「泊まっていただくのは、二階の部屋です。明日の朝食は、ここから四軒ほど離れたべつの家になります」と、ニコラの説明はていねいだった。「リュックをお持ちします」と言うので、機を逃してはなるまい、少年のけなげさにほだされてはなるまい、と心に鞭打って、「申しわけないが、今夜はモンバールのホテルへ泊まるよ」とだけ言って、すがりつくような少年の視線から眼をそらした。

がっくりと肩を落として戻っていくニコラの後ろ姿を見送りながら、あやうく私は、「来年もまたきっと来るからね。その時は必ず泊めてもらうからね」と呼びかけそうになるのをじっとこらえた。ニコラにとっては、はじめてのことではなかったはずだ。ほとんどの客は他の二軒の民宿に泊まり、ニコラのところにまでは回ってこないのだろう。たまにこぼれてくる数少ない客を泊めて生計を立てていくには、やむを得ないこととして、夕食なし、一泊百二十ユーロという法外な要求をせねばならないのだろう。ニコラのような利発そうな子なら、その辺の事情はつとにのみこめているだろうから、おじいちゃんに「今日もだめだった」とはそうたやすく言い出しにくいにちがいない。私としても、せめて半額の六十ユーロと言ってくれたならと、いつまでも心が痛んだ。

教会には、ほとんど人がいなかった。たまに、村の人らしい老女が孫娘の手をひいてお参りにくるくらい。女の子はおばあちゃんの仕草を見上げていて、両の手を胸の上で組み合わせ、お祈りをまねたりしていた。

フラヴィニー村は、一時間も歩き廻らないうちにもと来た路地に出てしまうほどの小さな集落だった。村の申し合わせでもあるかのように、どこの家でも庭先に立葵《たちあおい》の花を咲かせていた。私が訪れたのが、ちょうどこの花の盛りのころだったからなのかもしれないが、日本のそれよりずっと丈が高く、花の色数も豊富だった。赤、赤紫は日本でもおなじみだが、水色や黄色などもあって珍しかった。ちょうど昼食時ということもあったかもしれないが、路地を歩いている村人にはほとんど出会わなかった。

一軒の、これもやはり丈の高い立葵の花を庭にいっぱいに咲かせている家に出くわした。その庭先のぼだい樹らしい大きな樹の蔭に、白いクロスを掛けたテーブルを出して、二人の老婦人がコーヒーを楽しんでいた。二人とも真っ白なワンピース姿であるが、姉妹というようすではなかった。日本では、屋外で飲食をするという習慣は一般的ではないが、フランスではどんな田舎へ行っても、カフェや民家の軒先にテーブルと椅子を並べるのはごく普通に見かける光景である。私は、

「こんにちは」と挨拶して通りかかった。もしかして「一緒にコーヒーでもいかが」と言ってくれたなら、ちょっと『ショコラ』の撮影風景の思い出を聞き出してみようと期待して。

「あら、こんにちは」

「いい旅をね」と、それぞれに返してくれただけで、コーヒーも、『ショコラ』もあては外れた。

午前中に降りたった広場へ戻って、ともかく今夜は、昨晩泊まったモンバール駅前のホテルに泊まろうと考えた。教会の前のさほど広くもない広場を横切ろうとしたとき、ニコラ少年の姿を見かけた。観光客らしい老夫婦の先に立って、自分の民宿へ抜けようとしているところだった。ニコラは二人を時々ふり返っては見上げるようにして、何事か一心に説明しているようすである。その小柄なやせっぽちの姿から、私はラッセ・ハルストレム監督の旧作『やかまし村の子どもたち』や、『やかまし村の春・夏・秋・冬』に登場してきたオッレという少年のおもかげを胸にうかべていた。やかまし村の子どもたちの中では、もっともやかましくない少年で、いじめられていた犬をもらいうけてきてかわいがっていたのがオッレだと言えば、たぶん想像してもらえそうだ。好みにもよろうが、たいていの大人からは好かれるタイプの子どもということになろうか。

ニコラはおそらく、私に説明したのと同じことをくり返しているのだろう。どうかあの老夫婦はキャンセルしませんようにと、虫のいいことを願った。ニコラが不意に私の姿を目にとめることがないようにと、路地の角を急いで曲がった。ニコラが老夫婦を見上げてにっこり笑ったのが、視界の端をかすめた。

「来年の夏もきっと来るからね。その時は必ず泊めてもらうよ」と、少し感傷的になって胸のうちで誓った。口には出さず、心の中だけでなら何度だって誓える、と私はいつまでもこだわりつづけた。

帰りのナヴェットも、朝の女運転手と同じ人だった。

「あら、この村に泊まるのではなかったの。モンバール一枚ね。一・五ユーロです」という、運転手としてあたり前の言葉までが、責められているように聞こえた。

私がフラヴィニー村に行ったのは真夏だったが、映画『ショコラ』は雪の舞う教会の尖塔をバックにして始まる。おだやかだが、伝統と規律を重んじる村人たちは、日曜の朝のミサにいつものように参列している。路地には人影はない。そこへ、赤いそろいのマントをはおった母親と、その娘が登場する。大きな旅行かばんを提げている。この村の住人ではない。ちょうど空家になっている菓子屋を借り受けて、チョコレート屋を始めようというのである。親子はきれいなチョコレートを並べて客を待つが、新しいものには、おいそれと手を出さないこの村の住人たちは、興味深げにショウウインドウを覗きこんでいくものの、誰ひとり店内に足を踏み入れはしない。だが、やがて日数を重ねていくうちに、きれいなばかりではないそのチョコレートのおいしさに負けた村人が一人増え二人増えしていき、店はしだいににぎやかになっていく。ラッセ・ハルストレムらしいほのぼのとしたエピソードをいくつも綴り合わせながら、この美しいフラヴィニー村のおだやかな明け暮れを描き出していく。

ナヴェットの女性運転手が、

「あなたも『ショコラ』にひかれて、ここへいらしたのでしょ」と言った。

「ラッセ・ハルストレムは、スウェーデンで撮っていたころから、ずっと好きな監督だったものですから」

「私はべつに映画ファンというわけじゃありませんが、『ショコラ』の女性主人公には妙にひかれるところがあって、三度も観ましたのよ」

「ヴィアンヌという母親ですね。はじめは村人からてんで相手にしてもらえなかったのが、いつの間にか大評判をとるという役でしたね」

「そうそう。私ね、あの母親のことが、いつの間にか人ごとではないように思えてきたのよ」

「同じ女性だからということですか」

「そうなの。私はモンバールの人間なのですが、このバスを運転して初めてここへ来たときは、窓から覗き込むだけで、誰ひとり乗ろうとする人はなかったわ」

「わかりますよ」

「あなたも私を見て『大丈夫かな』と思ったでしょ」

「小柄だし、細い腕ですからね」

「毎日、一人も乗らないバスを停めては、『お待ちどおさま』だの、『発車します』だのとくり返しているうちに、一人乗り二人乗りするようになって……」

「もともとが過疎路線でしょうから、満員ということにはならないでしょうね」

「そうなの。でもね、今じゃ友人の家へ小荷物を届けてくれだの、年寄りをモンバールの病院まで乗っけていってほしいだのと、けっこう重宝に使ってもらえるようになったわ」

「あまりお金にならない客ですね」

「たしかにね。でもね、何かあるとそれこそ満員の大盛況ということにもなるのよ。小学校の遠足とか、隣村でのお葬式とか。もっとも満員といったところで、二十人かそこらということですけどね」

　ナヴェットはモンバール駅を起点に、このあたりの小さな集落を反時計回りに二時間近くかけて走り、もとのモンバール駅に戻ってくる。渋滞することは絶対にない道だから、毎日ほぼ定刻通りに運行している。しかし、モンバール駅の次のフォントネー停留所で降ろした客が、午前中に拝観をすませて、モンバールへ戻ろうとして待っているのを二度目の巡回の折に見かけると、頼まれたわけでもないのに、十分ばかりで着く駅前ロータリーまで逆送することもあるのだという。

「法規上でも、会社の内規でも、それは違反なのでしょ」

「そりゃそうだけど、まともに一巡してモンバール駅へ戻ったりしていると、二時間あまりもかかってしまうのよ。しょっちゅうということでもないんだし、いいじゃない。人助けよ」と運転手は片目をつぶってみせた。

「日本じゃ考えられないことですね。バスが渋滞に巻き込まれてしまうのはもうみんなあきらめていますが、夜など、たまに予定時刻より早くバスが来た場合、乗る人が一人もいなかろうが、バスは時間待ちをしますよ」

「国によっていろんなやり方があるのね。フランスでも近ごろはあちこちで渋滞がひどくて、遅れるのはあたりまえみたいになっているけど、たまに何かのはずみで早めに来ても、そのまま行ってしまうわ」

「そうそう、私もぎりぎりにバス停に駆けつけたら、早めに来たバスに置き去りにされて、一時間以上も待たされたことがあります」

「フランス人は、そんな場合はその辺でカフェを見つけて一杯やりながら次のバスを待ちますよ。カフェなら、どんな小さな村でも必ず一軒はありますからね」

「日本人ならどうするかな。バス会社へ抗議の電話を入れるかな」

そんなことを話しこんでいるうちに、フラヴィニー停留所の発車時刻になった。そろそろ行きますので、と促がされて、私は一番前の運転手の隣の席に陣取った。運転手がドアを閉めようとしたとき、「おうい、待ってくれ」という声があがった。男と女の二人連れの乗客が、あわてるようすもなく、やおら乗り込んできた。

ちらりと目をやって、私は「あれっ」と日本語で叫んだ。あの老夫婦だった。教会の広場でニコラ少年が見あげて、にっこりほほ笑みかけていた二人である。

泊まってやれよ。なんでキャンセルなんかするんだと、これも胸の中で日本語でつぶやいた。

◇フラヴィニー村への行き方

パリのベルシー駅からディジョン方面へ向かう急行列車で二時間四十分ほどのところにモンバール駅がある。駅前からフラヴィニー村などを巡るバスの便がある。

第九章
ミディ運河のふたり
『家なき子』

『家なき子』
2000年、チェコ、フランス、ドイツ
監督：ジャン＝ダニエル・ヴェラーゲ
原作：エクトル・マロ
配役：ジュール・シトリュク（レミ）
　　　ピエール・リシャール（ビタリス）
　　　マリアンネ・ゼーゲブレヒト（バルブラン母さん）
195分、カラー作品

戦中から敗戦直後の物資不足の惨状は、大人の話を聞かされたり、子どもなりに五感を通してそれとなく実感したりしていた。幸いにして農村に生まれ育ったので、食べるに事欠いてひもじさに泣くという体験はなかった。学校の往《い》き帰りに、手をのばせば届くところにトマトなどが実っていて、子どもが一つや二つもぎ取っても咎《とが》めだてする人はなかった。着る物も、男の子だから、しゃれっけもなく、親のあてがってくれたものを文句も言わず一年中でも着通していた。

そういう日々の農村のくらしの中で、私がつくづく欲しいと思ったものは本だった。

夏座敷本をまたぐを咎められ

という句は後年の拙作だが、内容は少年時代の回想である。夏座敷で寝ころんで本を読んだり、まして読みさしの本を投げ出してまたいで外へ遊びに行くなどということは、どこの家でもきびしく咎めたものである。つまり本は貴重なもので、ひとからげ百円で店頭に積んであるという今の子どもたちには想像もつかない時代の話である。

敗戦の年はもちろん、その後の二、三年は本の姿を見かけなかった。町の本屋でも、本棚はすき間ばかりで、たいていは戦前に出版されて売れ残っている大人向けのものばかり。子どもだったから内容はよくわからないが、マッカーサーにしょっ引かれる心配のない、あたりさわりのない実用書がほとんど。子ども向けの本を、と捜してみるが、乃木将軍や楠木正成のさし絵入りの本は、みんな処分されてしまい、本棚はすき間だらけのままである。

そういう子どもたちの姿を、あわれんでくれた先生がいた。雨の日の体育の時間は外へ出られないし、体育館などというものがあるということすら知らなかった時代だから、雨が降れば教室で隣のクラスに迷惑のかからないようにひたすらおとなしくしているしかなかった。

ある時、やはり梅雨のうっとうしい午後の体育の時間だったと記憶しているが、担任の先生が、見なれない本を一冊、出席簿と一緒に教室へ持ち込んできた。「何だ」、「本だぜ」という声が飛び交った。珍しかったのだ、やはり。先生が差し出した本は、表紙のぴんとした新しい本だった。

「これは松阪の本屋さんで見つけて買ったものです。東京の出版社から売り出された新しいもので、『家なき子』といいます。フランスという国の子どものことを書いた話です。今日からこの本を雨の日に体育ができない折に少しずつ読んであげます」と言った。女の子たちは「わあっ」と声をあげたが、男の子たちは「野球がしたい」と文句を言っていた。

雨の日に少しずつ『家なき子』を読んでもらったが、私は一回目からすっかりのめり込んでしまった。少年の数奇な運命や、けなげに生きていこうとする姿にももちろん心ひかれたが、なにより、物語のところどころにちりばめられているフランスの田園風景の描写に耳を傾けた。プラタナスやポプラなどといった樹々に、松や杉しか名を知らない私は、どんなものだろうかと心をはずませた。牧場、並木道、運河などという、生まれてこのかた見たこともない風物も珍しかった。殊に、ゆったりと流れる運河や、そこをすべって行くヨットなどは少年の冒険心をかき立てるものがあって、無謀にも、「よし、いつかフランスへ行くぞ」などと考えていた。そのことを、まだ若かった先生にふともらすと、先生

は、

「日本は、勝手に飛行機を飛ばしたり、船を外国の港へ着けたりすることを許されていないんだ」と悲しそうに顔をくもらせた。

先生が読んでくれる雨の日の本は、いつか私の待ちどおしいものになった。『家なき子』が終わると、「もうおしまい」と言わず、先生は『フランダースの犬』や、『小公子』、『グリム童話集』とつづけて読んでくれた。わけても『家なき子』は生まれて初めて接した外国のことを書いた本として、心に深く刻みこまれた。私のフランス文学への傾斜のスタートラインに立っていたのが、ルネ少年だった。

『家なき子』は、十九世紀末、普仏戦争後間もないころの一八七八年の上梓だが、フランス語でも上下二巻に及ぶ大作である。これを幼い子どもにも楽しめるようにやさしく書き改めるということは、本国フランスでも行なわれているのかもしれないが、日本でも少年少女文庫などに収められている。先生が読み聞かせてくれたのは、うすっぺらな、子ども向けに出版された本であった。『家なき子』は十九世紀末ごろまでは大して注目されなかったが、二十世紀初頭になると、フランスを初め世界各国で原文を全訳したものや抄訳したもの、子ども向けに書き改めたもの、絵本やまんがが仕立てにしたものなど、さまざまの形で出版されるようになった。

映画化も、アニメの形をとったものも含めて、フランスでもアメリカでも、幾度も行なわれた。今回私は、そのうちで最も新しい、テレビ放送用として制作された『家なき子』を観た。雨の日の体育の時間に初めて読んでもらってから、六十有余年。パリで出版されてから数えれば、何と百三十年以上も経っている。原作を映画化する際、細部を変えたり、登場人物やストーリーを手直ししたりするのはよくあることだ。文学と映画はべつのものであり、原作を忠実に映像化して判りやすく創り上げねばならないものではない。

映画化に際しての時代状況や、国情、制作者の思想信条次第で、原作とはかけ離れたものになってしまうのは、これまでもよくあったことである。むしろ、あの監督は、あの場面をどのように解釈し、どのように映像化したのだろうという興味でもって観るのも、楽しみの一つであろう。

『家なき子』の冒頭に出てくるシャバノン村へは行ったことがある。私の観た映画では、雪に埋もれた村だったが、訪れたのは青葉の美しい夏だった。もちろん、レミ少年やバルブラン母さんが暮らしていた家などあるわけはないが、牧場や森林にとり囲まれたシャバノン村は、十九世紀でもこんなぐあいではなかったかと思わせるような、のどかで小さな農村だった。

道端の一軒の農家の庭先でコーヒーを楽しんでいた老人が、「急ぐ旅でもないなら、まあ一緒にコーヒーでも」と招いてくれた。話し合っているうちに、こんなことを聞かされた。

「今じゃもう、『家なき子』を読む子は少ないかもしれんな。わしらの学校時代には教科書に出ていたから、誰でも知っていたがね。今の教科書にはそんな古めかしい話は載せないから、もう知らないという子のほうが多いだろうて」

日本の教科書に『ももたろう』や『二宮金次郎』の話が出てこなくなったのと同じことかなと思った。だが同じように古い話でも、新美南吉の『ごんぎつね』はどんな教科書にも出ているがなあとも思った。私の甥など、「きつね」と「ぎつね」はどうちがうのかと質問して私を困らせた。おすとめすのちがいじゃないのとごまかしておいたが。

あまり読まれなくなった『家なき子』を子ども向けに映画化しようとすると、今ではこうなるのかと思いながら観た。イギリス人のミリガン夫人は、ドイツ貴族の夫人になっているし、レミはピストルで命をねらわれたりする。これなら、今の子どもたちにも受けるかもしれない。

変わらないのは、シャバノン村のバルブラン母さんと、レミを五十フランで買い取る老旅芸人のビタリスである。レミは、本当の母がどこかにいると聞かされながらも、バルブラン母さんを、いつも母として忘れることがない。貧しい旅と、美しい自然を通して、人の生き方を教えてくれるビタリス老人のことも、旅芸人の師匠としてよりは、実の父親のように慕いつづける。「家がない」という設定を通して、主人公レミは家とは何か、家族の愛とはどういうものかを学んでいくのである。

遠くにシャバノン村と、バルブラン母さんの姿を眺めながら、レミは「母さん、母さん」と叫びとおし、雪深い野の道をビタリス老人に手を引かれて歩きつづける。最初にたどりついた町で、レミはビタリスから靴や服を買ってもらう。はじめて、木靴でない靴を履いたのである。物語の進みぐあいから見て、この町はユセルという町だろうと見当をつけて、ユセル駅前の小さなホテルに泊まった。フロントに出てきたおかみさんに、

「あなたは『家なき子』を読んだことがありますか」と尋ねてみた。すると彼女は、

「子ども用の本だけど小さいころに読んだことがあるわね。泣けてきました」と言って、

眼がしらをおさえるまねをした。中年を過ぎた女性と見たが、この年ごろの人なら、原作か書き換えかはべつとして、だれしも読んだことがあるもののようだ。

ビタリス老人には、猿一匹と、犬三匹がいる。レミが加わって、にぎやかな旅芸人の一座になった。レミはビタリスから、アコーディオンの弾き方や、芝居の進め方を習いながら、文字を書くことも教わる。そして、何よりも「人生はつねに前に向かって進まねばならない」などと、人としての生き方をさとされる。

旅はそういうぐあいに順調につづいていくように見えたが、ピレネー山脈の麓《ふもと》の小さな町タルブに来た時、事件が起こった。この町の公園で、いつものように小さな幕を張って芝居を始めようとしていると、警官がやって来て、ここで芝居をしてはいけないと申し渡される。その上、押し問答をくり返しているうちに、ビタリスが公務執行妨害のかどで逮捕されてしまうのである。そして、タルブの町の地方裁判所で裁きを受けることになる。どう見てもビタリスに非があるとは思えない。しかし、彼は懲役二箇月、五十フランの罰金を科せられてしまう。

タルブという町は、ボルドーとトゥールーズの二つの都市を結ぶ鉄道のほぼ中間あたりにあり、聖地ルルドに向かう支線が岐《わか》れるところである。聖地としてのルルドに巡礼の人々が集まりはじめたのは十九世紀後半のことだから、エクトル・マロの『家なき子』の中ではまだふれられていない。私はタルブの駅で降りて、ビタリスが裁きを受けた地方裁判所とはどんなものか見てみようというほどのもの好きではなかったが、レミとビタリスの運命の大きな最初の転換点となったのはどういうところか、エクトル・マロは何を目印にその転換点をこの地に選んだのかを見てみようと思い、駅前のホテルに一泊した。

このホテルでも、フロントにいたのはユセルのホテルのおかみさんと同じような年恰好の女性だった。中年は過ぎていたか。

「地方裁判所はどこか」などと尋ねると不審がられるだろうと思って、

「この町の近くに運河はありますか。かなり大型の船なんかが通れる運河ですが」と言うと、ああという表情を浮かべて、

「あなたも『家なき子』の運河をさがしておいでですか。日本人にはよほど気になる人が多いらしいですね。そういう質問をなさることがよくありますよ」と答えた。

手の内を見られたようで恥かしかったが、「そうだ」と言うと、

「このタルブの町の近くにも運河はありますが、レミ少年が実の母親とめぐり会う船が浮かんでいたのは、ミディ運河だと思います」

「ミディ運河はここから離れていますか」

「トゥールーズのほうです。トゥールーズからカルカソンヌ方面へ抜けるのがミディ運河です。あそこなら、大きな船だって停泊させられます」と教えてくれた。

結局タルブでは、駅前のホテルに一晩寝ただけで、さらに北東のトゥールーズをめざした。トゥールーズは大都市だが、車や人が頻繁に行き交う駅の真正面に運河が流れており、水門も設けられている。こんなにぎやかなところに貴婦人が住居として使うような大きな船が停められるのだろうかと、いぶかしかった。しかし、エクトル・マロは十九世紀のトゥールーズしか知らないわけだし、何とでも書くさと思って、しばらく運河沿いの小径《こみち》をたどることにした。北へ向かうとガロンヌ運河となるので、逆に南下してカルカソンヌ方面へと歩を進めた。

ポール・シュッドという水門まで来たとき、なつかしいものが目にとまった。日の丸の旗である。日本にいるときは、なぜ今日は旗が立っているのだろうと思ったりすることもあるが、海外で日の丸の旗を見かけると妙にうれしくなってしまうのはどうしたわけか。ポール・シュッドで見かけた日の丸は、船のへさきのロープにひらめいていた。しかしその船は大きなものではない。小舟とか、手漕ぎボートというほどではないが、二人の男がきゅうくつそうに乗っている。いちおうエンジン船であるらしい。

岸の小径から「おうい」と日本語で声をかけてみる。「おうい」と一人が手を振って応えてくれた。日本人であることにまちがいはない。もう一人が尋ねてきた。

「日本の方ですか」

「そうです。どちらからいらっしゃいましたか」と尋ねると、

「トスからです」と答えた。

「トスというと、ここからどちらの方角でしょうか」

「いえ鳥栖《とす》です。佐賀県の鳥栖ですよ」と、そこで大笑いになった。

「そちらへ上がって行きますから、待ってて下さい」と一人が言った。船は舫《もや》ってあった。

二人とも日焼けして髭をのばしているので年齢は不詳だったが、ものの言い方が学生ふうだった。

「学生さんですか」

「そうです。夏休みを利用して、ミディ運河へ来ました」と言う。

「おじさんはおひとりですか」

「一人旅です」

「何かさがしておられるのですか」

「どこかにあるというものじゃないのですが、『家なき子』という本に出てくる、ミディ運河に浮かべた別荘のような船はどこらへんに停めたのかなと思って捜しているのです。小説や映画の話ですから、どこでもかまわないのですが」

「やあ、偶然の一致だあ」と一人がハイタッチを求めてきた。

「よせよ」ともう一人がその腕をおさえる。

「こいつもね、あの小説に参っちゃいましてね。ミディ運河へ行こうと言い出したのも、実はおじさんと同じ捜しものをするためだったんですよ」

「私は、今回はフランス2《ドウ》のテレビ映画を観て旅に出て来たものだから、同じものを捜しているといっても、微妙にくいちがっているかもしれないよ」

「いえ、たぶんこのあたりです。シャバノン村を出て南へ下ってくれば、しぜんとミディ運河に突き当たりますよ」

と、二人は元気である。なぜ列車でなく船なのかと尋ねると、ボート部だからと答えた。今どきの大学生の夏休みは、バイトに汗流した自分たち貧乏学生のころのそれとは、大したちがいだなと感心した。「それにしても日の丸とはなあ」と苦笑したら、「なぜ笑うのですか」と気色ばんだ。大学生が子ども向けの本につき動かされて、はるばるトゥールーズくんだりまで来ているのを嘲笑されたと勘ちがいしたらしい。

「私はのんびりと岸辺の並木道を歩くから、君たちと一日ばかり一緒に旅をつづけさせてくれないか」

「ああ、いいですよ。ねぇ」

「ああ、いいですとも。この船に三人は無理ですから、陸を歩いてもらうしかありませんが」

と、話はまとまって、ボートから持って来た缶コーヒーを差し出してくれた。

二人は運河へ降りて行った。『家なき子』の運河を訪ねたくてやって来たと言っていた若者が先に降りていってエンジンをかけると、もう一人のやや背の高いほうの若者が、後に残って舫いを解きはじめた。そばにしゃがみこんで、その慣れた手さばきを眺めていると、彼は言った。

「あいつはね、この春、交通事故でおやじさんを亡くしてしまったんですよ。ぼくがおやじさんの代わりというわけにはいきませんが、落ちこんじゃってるあいつの慰めにでもなればと、どこか遠くへ一緒に旅をしようと誘ったのです」

「それで『家なき子』のミディ運河ということになったのだね。レミ少年の」

「ちょっと違うんですね。レミじゃなくって、ビタリスだと言うんです」

私はおおよその見当がついた。彼がみなし子のレミに自分をなぞらえれば、その先に、亡き父親の代わりにビタリスのおもかげが浮かんできたのだろう。それほど甘い感傷ではないのかもしれないが、子どものころ父親の膝に腰かけながら読んでもらったのが『家なき子』だったのかもしれない。

この本は、そのようにして百年以上も読み継がれてきたのだろう。私がはじめて知ったのも、小学生の時の担任の先生による読み聞かせだった。あの本は、子どもが初めて読むには少々長すぎるのかもしれない。なにせちくま文庫では上下二冊の本である。しかもそれぞれ四、五百ページという厚さ。

それで抄訳したり、子ども向けに書き換えたり、映画やまんがにしたりして伝えられてきたのだろう。

舫いを解き終わって若者は立ち上がりざま、私のほうに半歩ほど体を寄せてささやいた。

「さっき、あいつがちょっと耳打ちしたんですが、おじさんは亡くなった父親によく似ているというんです。そう言われてみると、そうかもしれないと思いました。生前には、一度しか会ったことのない人ですが」

私は返す言葉もなくうなずいていた。他人の空似とはよく言われることである。もしかすると、ビタリスも私も似たような齢かっこうの男性として、似通うおもかげを見ていたのかもしれない。私は、ビタリスのように髭を生やしてはいないが。

「そのおやじさんという人は、髭を生やしていましたか」

「さあ、どうだったかな。たった一度きりしか会わなかったので……。無口な人だったのは憶えています」

そう言うと、彼もボートに乗り移った。低いエンジン音を静かな水面にひびかせながら、ボートはカルカソンヌ方向へと流れを下っていった。私はできる限りその速さに遅れまいと、歩幅をいつもより広くとって黙々と歩きつづけたが、しだいに二人に置いていかれそうになった。運河沿いの美しい並木道を想像していたが、工場地帯の中を抜けたりして、照りつける真夏の陽ざしの中で、決して心地よい徒歩の旅ではなかった。ボートは、はるか先を進んでいった。二人は手を振って、ますます離れていった。

「さよなら」

「お気をつけて」

と若者らしい簡潔な挨拶を残して、やがて運河のかなたへと消えていった。

運河沿いの小径は、しだいに樹々におおわれはじめた。涼しい風が水面から吹き渡ってきた。私の観た映画によると、ビタリス老人は、このような森の中の大樹の根元で、腹部を刺されて死ぬのだった。この映画のＤＶＤがあることを、さきほどの若者に告げるのを忘れたことは、しまったと思うより、それでよかったのだという思いのほうが強かった。

◎ミディ運河への行き方

パリのオステルリッツ駅からトゥールーズまで急行列車で七時間少々。駅前にすぐミディ運河が流れているが、運河沿いに並木の茂る美しい眺めを見るには、少々歩かねばならない。船便もある。

第十章

はるかなル・ピュイの道

『サン・ジャックへの道』

『サン・ジャックへの道』
2005年、フランス
監督：コリーヌ・セロー
配役：ミュリエル・ロバン（クララ）
　　　アルチュス・ド・パンゲルン（ピエール）
　　　ジャン＝ピエール・ダルッサン（クロード）
112分、カラー作品

キリスト教における三大聖地として、ローマ、エルサレム、サンチャゴ・デ・コンポステーラがある。中世以来これらの聖地を巡礼する旅はとだえることなく、今日に至っている。わけても、サンチャゴ・デ・コンポステーラへ詣《もう》でる巡礼路は、フランスやスペインを起点として、ユーラシア大陸の西の端へとつづく。この道は世界遺産に登録されている。このうちフランス国内を起点とするのは、パリを出るトゥールの道、ヴェズレーを出るリモージュの道、ル・ピュイ・アン・ヴレイを出るル・ピュイの道、アルルを出るトゥールーズの道の四筋がある。いずれもフランス国内をほぼ東西に横断してピレネー山脈を越え、スペインのプエンテ・ラ・レイナで合流して、スペイン北部を西に進み、サンチャゴ・デ・コンポステーラへと至る。

フランスの女性監督コリーヌ・セローの『サン・ジャックへの道』という映画は、このうちのル・ピュイの道を舞台にしている。オーヴェルニュ地方から西へ進み、マッシフ・サントラル中央高地という山岳地帯を横断してピレネー山脈の北麓にたどりつき、スペイン領へと入って行く、美しい山村地帯を通り抜ける道である。道そのものも、また道の傍らに点在するロマネスク聖堂も、何とも美しい。何度歩いても、心奪われる光景である。コリーヌ・セロー監督がこの道を映画の舞台に選んだのも、さもありなんと思わせる。

そのル・ピュイの道は、山深いオーヴェルニュ地方のル・ピュイ・アン・ヴレイを起点とするが、パリからはなかなか行きづらい山奥の小邑である。まず、パリのベルシー駅を出る急行で、クレルモン・フェランまで三時間半ばかり南下する。世界一速いとフランス人が自慢するTGVは、この区間は走っていない。クレルモン・フェランで支線に乗り継ぎ、二時間ほどかかって、ル・ピュイ・アン・ヴレイに到着する。本数は多くないが、クレルモン・フェラン駅の東口広場からバスも出ている。ル・ピュイ・アン・ヴレイの町は、日本式に言えば門前町ということになろうか。信州の長野市に似ている。

駅を背にして北へ坂道をのぼって行くと、ノートルダム・デュ・ピュイ大聖堂へ出る。黒い聖母像を祀っている。映画はこの聖堂から始まる。ガイドを含めて九人の一行が、千五百キロメートル彼方のスペイン、サンチャゴ・デ・コンポステーラへの巡礼の旅に出ようというのである。一行の中の、三人のきょうだいにいわくがある。彼らの母親が莫大な遺産を残して死ぬのだが、三人ともそろって全行程を徒歩で巡礼しなければ相続権が失効するという遺言をしたのである。

長男のピエールは会社の社長だが、アルコール中毒の妻をかかえている。ピエールの妹はリセの先生だが、夫が失業中で、子どもたちの養育のためにも働かねばならない。クララという可憐な名に似合わず、腕っぷしが強く、兄のピエールと口論の末、なぐり合いを始め、ガイドのギイの手を焼かせたりもする。末っ子のクロードは、生涯一度も職に就いたことがなく、酒におぼれてしまっていて、家族からも見放されている。クロードもこの遺産相続の権利の一部にあずかろうとして巡礼に加わるのだが、集合地へ来るまでの旅費がなく、兄のピエールにめぐんでもらうというお粗末。

私はこの三きょうだいのうちで、クロードが一番好きだ。みんなが体もかくれるほどの大きなリュックを背負っているのに、彼だけは手ぶらで参加する。不用意でも横着でもない。ない袖は振れなかったのだ。

大聖堂の片隅に小さな書き物机が置かれていて、そこの紙片に自分の願いを書き入れて投入すると、ミサの折に読みあげられて聖母に伝えてもらえるという。私はうろうろと捜しまわったが、件《くだん》の机とメモ用紙はスクリーンにアップで映し出されたとおりに設置してあった。「これだ、これだ」とうれしくなって、用紙に書き入れるのはすっかり失念してしまった。もっとも、失念せず書き入れたところで、神父さんには日本語は読めないだろうから、没になったと思うが。

ガイドを除いた八人が、それぞれの願いをマリア様にとどけてもらおうとしたためるのだが、私の心を打ったのは、一行の中で最も若い、アラブ系のラムジイという少年の願いごとである。彼はフランス語があまり得意ではないので、同行のサイードという従兄に代筆してもらう。「お母さんが家賃を払えるようにしてあげて下さい」というのである。故国に残してきた、病弱の母のために捧げる願いである。

彼は、この巡礼の目的地のことも知らない。従兄サイード青年に誘われるままに、メッカに行くのだと思い込んでついて来たのだった。メッカに着いてアラーの神に祈りを捧げれば、母親との再会がかなえられると信じている。

ピエールとクララのなぐり合いの兄妹げんかを皮切りに、目離しのならない巡礼の旅が始まるのだが、一番先に音を上げたのは、会社社長のピエールだった。胃薬などの持薬をまとめた大荷物をはじめとして、仕事に必要と思ってつっ込んできたリュックサックの中味を、岩かげにかくれて捨ててしまわなくてはならなかった。カミーユとエルザという仲よし二人組の女の子たちが、持ってきた化粧品やドライヤーの類《たぐ》いをこっそり捨ててしまったのを見ならったのである。こうなると、手ぶら参加のクロードは強い。道中、目にするカフェにもぐり込んではウイスキーを飲んだり、一行の中のマチルドという女性をものにしたり、思うまま自由にふるまいつづける。

誰も彼も、それぞれの事情をかかえての巡礼なのだが、メッカへ行けば母に再会できると思い込んでいるラムジイ少年に、とりわけ心ひかれる。マリア様への願いも代筆してもらわねばならなかったラムジイ少年が、墓地で休憩している時、ふいに墓碑銘を読んだり、カフェの店先のスポーツ紙を眺めていて、サッカー（フランスではフットボールという）の試合でマルセイユのチームが勝ったなどと言い出す。一行はどうしたのだと不審がるが、実はリセの先生のクララが、休憩の時間を見てはこっそりラムジイを片隅に呼び出して、文字の読み書きを教えていたのだ。さすが「餅は餅屋」ということか。ラムジイには、人の手を借りずに母親に手紙を出したり、人に頼んで書いてもらったらしい母親からの返事を読んだりする夢がひらけてきたのである。

マッシフ・サントラルを、一行は西へ西へと歩きつづける。フランスの、最も美しい山里の風景が展開する。カメラはけわしい道をたどる一行を遠景から、あるいはアップでとらえて飽きさせることがない。このル・ピュイの道にはいくつもの有名な聖堂があるが、カオールとか、コンクとか、モワサクなどはとりわけ美しい聖堂を擁している。

私はある時、これらの世界遺産をめぐりつづけていて、思いつくままモワサクから三重県の母の許《もと》へ電話をしたことがある。母に電話するなどという気まぐれはめったにおこしたことがないのだけれど。何事があったのかと、電話に出た母は正確に聞き取れなかったらしく、「フランスだね。モアサという町なのね」と言った。その後は、電話するのではなかったと一瞬ばち当たりなことを考えさせるほどの長電話になった。自身の体調が思わしくないので、病院へ連れていってもらったという話。先生の診断のようす。どれをどう飲むのか、さっぱりおぼえられないほどの大量の薬。母は「馬に食わせるほどの薬」と言った。こんなに飲まなければならないほど私の病《やま》いは重いのかと、ぐちをこぼした。

「長くなるからもう切るよね」

「おまえも体に気をつけてね。真夏の一人旅は大変だから、早く切り上げて日本へ戻っておいで」と言った。「わかった。わかった」という私の切り口上を、母はどんな思いで聞いただろうと反省した。あの時、この映画のラムジイ少年のことを知っていたら、もっとべつの応対をしていたかもしれないと後に考えた。

さて、そのモワサクであるが、大都会トゥールーズの北に位置し、列車で一時間ほどで行けるという交通至便の町であるわりに、おだやかな美しいたたずまいを保っている。この町は、ロマネスク様式のサン・ピエール教会で名高い。モワサク駅から徒歩十分ほどの広場に面して、「キリストの再臨」を彫刻したタンパンを掲げたサン・ピエール教会がそびえている。このタンパンのすばらしさもさることながら、その奥の回廊はヨーロッパ有数の美しさで、訪れる人の絶える時がない。しかし映画は、この回廊を急ぎ足で通り過ぎる九人の一行の後ろ姿を、ちらりと映して見せるだけである。

千五百キロメートルもの巡礼路を旅する九人を、わずか百分少々の映像にまとめるには、こうでもしなくてはならなかったのだろう。「あれ、この回廊、いつか見たなあ」と思っている間に、場面は変わっていた。いつか電話した折、母は「モアサ」と聞き誤っていたっけと思い出した。母の耳もだが、私の発音もあやふやなものだったのかもしれない。そうなると、ラムジイのフランス語と私のフランス語とどうちがうかということになってしまう。ラムジイはクララから毎日、休憩時間に特訓を施されているから、すぐ私などより

モワサクの大聖堂の有名な回廊。クララたちの一行の後ろ姿がこの回廊をよぎる。

達者にフランス語ができるようになるだろう。そして、せっせと故国の母親に代筆でない便りを送れるはずである。

母は、毎年夏になると私が重いリュックを背負ってフランスの山里の一人旅に出かけることを、誰よりも強く反対した。「文明国だよ。日本国内を旅してまわるのと同じことさ」と、私は聞く耳を持たなかった。荷物をこしらえて玄関に出てくると、母は持ち上げもできないリュックをかかえては、「こんなに重いものを、まあ。これで炎天を一箇月も二箇月も歩くのかね」と、毎年決まったように言っていた。そして家の前の道に出て、いつまでも後ろ姿を見送ってくれた。せめて十分でも十五分でも母が私を見つめておれるようにと、駅への近道を選ばず、まっすぐの広い車道を、時間の許すかぎりゆっくりと歩いた。

帰国する日は、この逆である。遠くに私の姿を見つけると、腰をのばして手を振った。家の台所に掛けられたカレンダーにも驚かされた。私の帰国する日付を赤のフェルトペンで丸く囲み、出発の日から、その赤丸の日まで、黒いペンで一つずつ×印がつけてあった。ある年だけのことではない。モワサクへ行った年も、それ以前の数年も、その後の年も、みな同じように印をつけていた。こんなことで情にほだされていては、フランスへの旅は一歩も進められるものではないと、見ぬふりをつづけていたのだが。

モワサクのあたりからル・ピュイの道は、東から西への横断をややゆるめて、南へと縦断する形をとる。真向かいに迫るピレネー山脈を避けようとするかのように、バスク地方へと進んでゆくのである。パリから来たトゥールの道、ヴェズレーを出たリモージュの道と合流して、ル・ピュイの道はまもなくサン・ジャン・ピエ・ド・ポールに入る。バスクの山あいにひっそり眠るような小さな町である。

かつては、フランスとスペインという二大強国にまたがって栄えたナヴァール王国の町であった。中世に入って、サンチャゴ詣での巡礼が盛んになると、聖地へ向かう宿場町としてにぎわうようになった。中世の名残りをとどめる監獄跡や城塞が美しいが、城塞に向かう巡礼路の両側には、巡礼宿や巡礼者用の身の回り品を売る店が並んでいる。それらを覗きながら散策するのも楽しい。

だが、私のこの田舎町《いなかまち》に対する第一印象は、必ずしもよいとは言えなかった。映画が制作されるよりかなり前に、私はパリからバイヨンヌへ出て、そこで閑散としたローカル線に乗り継ぎ、サン・ジャン・ピエ・ド・ポール駅をめざしたことがあった。二輌編成のその列車には、地元の人らしい買物客がまばらに乗っているだけで、いかにも自分好みの列車だと、ピレネーの麓《ふもと》を走る鉄道の旅を楽しんだ。

駅から町の中心までは歩いても十分ほどだったが、駅を背にして左にのびる道をのんびり進んでゆくと、先述の巡礼路に入る。巡礼になった気分で、美しいニーヴ川沿いに歩を進めた。きらきら輝きながら川はゆっくり流れ、行く手には橋が架かっている。あの橋を渡ってその先まで歩いてみようと思ったとたん、ぎょっとして私の足はすくんでしまった。橋のたもとに、若い男たちが四、五人たむろしているではないか。たむろするのは勝手で、パリでも見かけることとなのだが、いっせいに彼らは私の姿に振り返り、やおら歩き始めた。

あごをしゃくって合図するようなしぐさを、リーダー格らしい背のひときわぬきんでた男がしたのを私は見てしまったのだ。

ここでまごまごしていたら、身ぐるみはがされるということになりかねない。どうかパスポートだけは返してほしいと泣くようにして懇願したというのは、海外を一人旅している日本人から時たま聞かされる話である。私は泣くのも、悪くないのに許してほしいと懇願するのもごめんだとばかり、リュックサックを背負いなおして、さきほどの道を駅まで駆けもどった。この町はその半時間ばかり滞在しただけで、先刻のバイヨンヌから来た列車が折り返そうとしているのに飛び乗った。わずか半時間ほどいただけなのに、あれを滞在と言えるものかどうか。ともかくサン・ジャン・ピエ・ド・ポールというと、息を切らしながら駆けて列車に舞い戻った記憶しかない。

その町まで、九人の一行は歩いていく。あんな町へよく行くものだと思いながら、美しいバスクの野を列をなして進む九人を、私は見つめていた。列のしんがりは、いつも三きょうだいの長兄ピエールである。すきがあればタクシーでも呼び止めて、帰りたくてしょうがないのである。末弟のクロードは、杖一本を振り回しながら手ぶらで歩きつづける。メッカへ行くのだといまだに思い込んでいるラムジイは、時々クララに何事か耳打ちされ、大きくうなずいては歩きつづけた。野原の真ん中に大きな樹が一本立っていて、その下を一行は通り過ぎる。カメラは、それを遠い位置からとらえて離さない。一文無しも意に介さず、毎日飲みつづけるクロード。メッカをめざして進んでいると信じて疑わないラムジイ少年。主人公の内面をていねいに追いつづける映画や、愛し合う恋人同士の悲劇をこれでも泣かぬかとばかり映し出す映画とちがって、それぞれ境遇も年齢もまちまちの集団と、画面上で二時間ばかりつき合わされていると、どうしても「あいつは好き」、「あの子は生意気」という好悪が生まれてしまうようだ。野球やサッカーのチームの中に、ひいきの選手ができるように。

できることならクロードのように生きたいものだと思った。一度も就職した経験がない。人のふところを頼りに、一日中でも酔っぱらっている。よく生きてこられたなと感心するが、その秘訣を伝授してもらえないかと、画面に登場するたびに目を凝らした。

ラムジイの、人を疑わないまっすぐな視線もまぶしかった。故国に残してきた片親の母に手紙を書きたい一心で、クララの特訓を受ける。「母がきちんと家賃を払えますように」と、ひたすらアラーの神に祈りつづける。この二人を配しただけでも、映画は成功だと思った。

サン・ジャン・ピエ・ド・ポールからいよいよピレネーを越えて、あと八百キロメートルの巡礼路がスペイン北部を横断するわけだが、リーダーのギイから意外な報告がなされる。ピエールとクララとクロードの三きょうだいは、実はここまで完歩すれば、母の遺産が贈与されることになっているというのである。三人はさらにサンチャゴへ向かう一行と別れて、旅を中断することになる。しかし、市門の前で見送った長兄のピエールがくるりときびすを返して一行の後を追う。つづいてクララ。手ぶらのクロードも、二人に従って一行の残り八百キロメートルの旅へと舞い戻る。観客は、たぶんそうなるだろうと思いつつ画面に見入りながら、その展開にほっと安堵のため息をもらす。

スペインの道も、決して平穏なものではなかった。だが宗教や人種のちがいによる差別などという古くて新しい難題をかかえながら、一行の結束は強まりこそすれ、乱れることはない。そしてついに、サンチャゴ・デ・コンポステーラの大聖堂が見える丘にたどり着いた。ラムジイは、ついにメッカに来たとはしゃぎまわる。そのラムジイから少し離れたところ、画面の一番手前の端に坐りこんだラムジイのいとこのサイードは、携帯電話で故国の人と話し込んでいる。と、ふいに表情がけわしくなる。ラムジイの母が病気だと知らされている観客は、ついに来たかと胸を衝《つ》かれるが、ラムジイはメッカが見えるとはしゃぎつづけている。
ほどなく一行はサンチャゴに到着し、大聖堂に詣で、思い思いに町を散策して楽しむ。もちろんラムジイも。それを見るにつけても、サイード一人は、いつラムジイに彼の母の死を告げたものかと落ち込むばかりであった。サンチャゴからさらに西へ進むと、フィニステレの岬に至る。その名の告げるとおり、そこは地の果てで、もう大西洋が広がるばかり。ユーラシア大陸の西の端なのだ。彼らはル・ピュイ以来の長い旅の果てに、はじめて海を目にする。ラムジイは上半身裸になり、両腕を振り回しながら波打際へと駆けていく。サイードも半裸でその後を追いかける。カメラはやや高めのアングルから、この二人の動きを追う。

ラムジイに追いついたサイードは、ラムジイの腕をとらえる。遠景だから、観客にはサイードのせりふは聞こえない。二人がどんな表情をしているのかも知らされない。完璧なサイレントである。昔から私は、終始一貫無声のままで、登場人物の心理が正確に描けるものだろうかと疑ってきた。ところが、この場面を観ていて、チャップリンたちがどのようにして演技をしてきたのかはっと気付かされる思いがした。せりふがなくても、というよりなまじせりふを入れるよりも正確に、深く登場人物の思いをとらえることが可能なのだと納得しながら、画面のラムジイの一挙手一投足に見入っていた。ふと気がつくと、近くの席の女性がそっと眼がしらをおさえているのが見えた。

昔観た、小学校のグラウンドでの上映会でも、やはり泣く人がいた。母ものといって、母と子の別れなど、けなげな庶民の生きざまを、これでどうだという勢いで観客に見せようとするのであるが、それをすなおに受け入れ、気持ちが入りすぎて思わず泣いてしまうのだろうと思う。一人が泣くと、もらい泣きというのか、その隣の人も泣きだしたりする。そういうふうに映画を観られる人をうらやましく思うし、好きである。こむずかしい理屈など抜きで、画面に没入していけるのである。

反対に、好きではない人もいる。映画にやたらとくわしくて、毎月評判の映画を観て来ては、うんちくを傾けるような人である。たいていは、作品をほめるということをしない。「あそこに出てきた鉄道線路は何だい、ありゃ。撮影のためについさきほどバラストで築き上げたばかりの白い石ころだらけだぜ」などなど。そういう連中に、ラムジイのあのシーンの無声の演技について意見を聞いたら何というだろうと、ふと思った。

久しぶりの映画によって、つい泣いてしまった女性を眺めて、映画とはこういうふうに観るものだと納得した。

さて、フィニステレから戻ったラムジイはどうしたか。無事に母の遺産の三分の一を得たクララの家では、失業中の夫や子どもたちが、二階にラムジイの部屋を用意して、「歓迎」という横断幕を掲げて待っている。兄をなぐり倒したクララは、今や腕力ばかりでなく、ラムジイの一人や二人増えたところでどうということもない財力まで手に入れている。ここまで映してくれないと観客は、涙をぬぐって「よかったわね」とカフェのコーヒーをすするわけにはいかないのである。

（おことわり）
本作の邦題中の「サン・ジャック」は、スペイン語では「サンチャゴ」である。本文中は作品名を除き、「サンチャゴ」で統一した。

◎ル・ピュイの道への行き方

パリのリヨン駅からクレルモン・フェラン行きの列車で四時間少々。ここで支線に乗り換えル・ピュイ・アン・ヴレイ駅まで二時間少々。その先に、スペインに入るまでにコンク、カオール、モワサク、オロロン・サント・マリーなどの諸都市をつなぐ巡礼路がのびている。サンチャゴまで四十日以上はかかる。

あとがき

教職にあったころは、行きたいと思いながらも、多忙さゆえに夢を果たし得なかった。定年退職したら、何はおいても行くのだと期していた海外旅行。はじまりは少年時代からの鉄道ファンとして、現実に自分の眼と足でヨーロッパの列車に触れることだった。ユーレイルパスを使って主として西ヨーロッパの鉄道を乗りあるいた。

そんなひとり旅の途上である年、大阪の大学をやはり定年退職されてロマネスクの聖堂巡りをされている七十代の老紳士と識《し》り合った。ロマネスク様式とゴシック様式との相違などという、高校の授業で習った知識しかなかった私を、その方は根気よく現地を案内しながら指導して下さった。その足跡はフランスが中心だったので、それまでの私の、ともかくヨーロッパの列車に乗ればいいという旅のしかたはがらりと変わってしまった。

今年で十七回、毎年七月から八月にかけてフランスのロマネスク聖堂を拝観する旅がつづいている。その紀行文をまとめたものを、作品社が『星明りの村――フランス・ロマネスク聖堂紀行』として出版して下さったのが、二〇〇八年のことだった。

ロマネスクの聖堂巡りの行程の中である時は偶然に、ある時はおおよその見当をつけて、少年時代以来ずっと読みつづけてきた、フランスの小説の舞台や、観つづけてきたフランス映画の舞台となった土地に出くわすことが何度かあって、それはそれで鉄道やロマネスク聖堂とはまた別の深い感銘をもたらしてくれた。その思いを綴《つづ》ったのが、同じく作品社による『木苺の村――フランス文学迷子散歩』である。二〇一〇年の刊行。

今回は映画の舞台となったフランスの山里を訪ねた感慨を書きつらねて、『銀幕の村――フランス映画の山里巡り』として、やはり作品社から上木していただくことになった。『ろばのいる村――フランス里山巡り』というのが第三作目として二〇一二年に同じく作品社から出ているので、本作は私のフランス紀行文集の第四作目ということになる。

心躍らせてスクリーンを見つめていたあの映画は、こんな田舎《いなか》での暮らしを撮ったものかと、改めて深い感動を受けたが、やはり現地に来てみないことには判らないという思いや、スクリーン上だけで想像していたのとはちがうなということが多々あった。もちろん、その反対に映画で観て想像していたのと同じ情景に出くわして、思わず膝を打つような田園風景もあった。旅をするということのよろこびの一つだなと改めて納得したものである。人それぞれに旅の目的やスタイルはちがっていて当然だが、何といってもお仕着せの観光旅行ではなく、自分が行きたいところへ、自分のスタイルで、事前によく勉強してから出かけるのが一番大切だと思う。

定年退職以後、私にこれらの旅がなかったとしたら、ずいぶん時間をもてあました退屈な人生になっていただろうと思う。いつも一人旅で重いリュックを背負って、暑さの最もきびしい時期に、外国の田舎を歩き回るのは決して楽しいばかりとは言えない。今年の旅の途中でも何度か、もう海外旅行もこれが納めだなと思ったものだ。

と言いながら一年経ってまた夏が来ると、今年も行くぞと思いつめてしまうのだから因果な話である。もしまた来年も行く気になったら、この本で取り上げなかったフランスの田舎ではない地を舞台とした町や村を訪ねてみたいなと、かなうかどうかおぼつかない夢を見ている。約束はできないが、もしできれば、第五作目は、以下の十本の映画に登場してきた村や町へ行ってみたいと思っている。

『旅情』（デヴィッド・リーン監督）

『鉄道員』(ピエトロ・ジェルミ監督)
『バベットの晩餐会』(ガブリエル・アクセル監督)
『汚れなき悪戯《いたずら》』(ラディスラオ・ヴァホダ監督)
『自転車泥棒』(ヴィットリオ・デ・シーカ監督)
『やかまし村の子どもたち』、『やかまし村の春・夏・秋・冬』(ラッセ・ハルストレム監督)
『ベニスに死す』(ルキノ・ヴィスコンティ監督)
『アラン』(ロバート・J・フラハティ監督)
『ルートヴィヒ』(ルキノ・ヴィスコンティ監督)
『太陽がいっぱい』(ルネ・クレマン監督)

夢だろうなと思う。線路はどこまでも続くし、フィルムは廻りつづけ、小説は際限なく書きつづけられる。そして人生は短い。

二〇一五年一月

西出真一郎

【著者略歴】

西出真一郎（にしで・しんいちろう）

1935年、三重県生まれ。58年、三重大学教育学部卒業。以後三重県内の高等学校の国語科教諭をつとめ、96年定年退職。爾来、国内とフランスの各地に主として徒歩の旅をつづけている。詩誌「石の詩」（渡辺正也主宰）同人。

［著書］

第一詩集『四季』（近代文芸社、1991年）
第二詩集『遠い村』（名古屋丸善、1995年）
第三詩集『家族の風景』（思潮社、2006年）
『星明りの村——フランス・ロマネスク聖堂紀行』（作品社、2008年）
『木苺の村——フランス文学迷子散歩』（作品社、2010年）
『ろばのいる村——フランス里山紀行』（作品社、2012年）

［主な受賞歴］

『家族の風景』により第5回現代ポイエーシス賞。2006年。
『少年たちの四季』（30句）により第9回俳句朝日賞。2007年。

銀幕の村
フランス映画の山里巡り

2015年2月25日初版第1刷印刷
2015年2月28日初版第1刷発行

著　者　西出真一郎

発行者　和田肇
発行所　株式会社作品社
〒102-0072 東京都千代田区飯田橋2-7-4
TEL.03-3262-9753　FAX.03-3262-9757
http://www.sakuhinsha.com
振替口座00160-3-27183

編集担当　青木誠也
本文組版　前田奈々
装　幀　水崎真奈美（BOTANICA）
印刷・製本　中央精版印刷株式会社

ISBN978-4-86182-526-2 C0095